خاموش صدائیں

Khamosh Sadayen

(A collection of poems)

اوتار سنگھ

Avtar Singh

ZORBA BOOKS
Published by Zorba Books, August 2022
Website: www.zorbabooks.com
Email: info@zorbabooks.com

Title:- Khamosh Sadayen

Printbook ISBN :- 978-93-93029-96-6
Ebook ISBN :- 978-93-93029-01-0

Zorba Books Pvt. Ltd. (opc)
Sushant Arcade,
Next to Courtyard Marriot,
Sushant Lok 1, Gurgaon – 122009, India

Printed by Thomson Press (India) Ltd.
B-315, Okhla Industrial Area, Phase 1, New Delhi- 110020

विषय-सूची

नज़्में

क़त्ल करो गे कितने

अभी और क़त्ल करो गे कितने दुश्मन समझ कर जिन को
पहले जो क़त्ल कर चुके हो दफ़्न तो कर लो उन को

चीलें खा रही हैं लाशें बू आ रही है उन से
ख़र्च कर चुके हो कपड़ा सारा कुछ भी बचा नहीं कफ़न को

एक मार दो गे जब कोई और नज़र आए गा जिंदा
वो भी मारते जाएँ गे तुम भी मारो गे किन किन को

लोहे से लोहा टकराए गा तो आग निकले गी उस से
तेज़ धार क्यूँ करते हो आग में डाल कर आहन को

मौत का बुलावा आना है सब को तुम भी बच न पाओ गे
और कितना ज़ख़्मी करते रहो गे तुम इंसान के बदन को

देखना चाहते हो ज़िंदगी अगर तुम तो दिल की आँखें खोलो
नज़र नहीं आता अंधे को बे-शक रौशनी हो दिन को

قتل کروگے کتنے

ابھی اور قتل کروگے کتنے دشمن سمجھ کر جن کو
پہلے جو قتل کر چکے ہو دفن تو کرلو ان کو

چیلیں کھا رہی ہیں لاشیں بو آ رہی ہے ان سے
خرچ کر چکے ہو کپڑا سارا کچھ بچا نہیں کفن کو

ایک مار دوگے جب کوئی اور نظر آئے گا زندہ
وہ بھی مارتے جائیں گے تم بھی ماروگے کن کن کو

لوہے سے لوہا ٹکرائے گا تو آگ نکلے گی اس سے
تیز دھار کیوں کرتے ہو آگ میں ڈال کر آہن کو

موت کا بلاوا آنا ہے سب کو تم بھی بچ نہ پاؤ گے
اور کتنا زخمی کرتے رہوگے تم انسان کے بدن کو

دیکھنا چاہتے ہو زندگی اگر تم تو دل کی آنکھیں کھولو
نظر نہیں آتا اندھے کو بیشک روشنی ہو دن کو

नफ़रत से कुछ नहीं होगा हासिल दोस्ती का हाथ बढ़ाओ
अंधेरे में रहो गे कब तक उजला कर लो मन को

इंसान की फ़ितरत हो जाती है वेसी जिस संगत में है रहता
ध्यान उस तरफ़ है जाता जिस तरफ़ ले जाओ ज़हन को

दिल में मज़्मर ख़ूब-सूरती को जान पाता है कोई पाक बशर
नफ़रत से भरा होता है जाबिर पसंद करता है दमन को

चिराग़ को तो बुझा लेते हो तुम जब भी चाहो
मगर बुझा न पाओ गे आफ़ताब की ताबानी अगन को

दफ़्न-Bury. चीलें-Kite. ख़र्च-Have Used. आहन-Iron. ज़हन-Mind. फ़ितरत-Nature. मज़्मर-Hidden. जाबिर-Tyrant. दमन-Oppression. आफ़ताब-Sun. ताबानी-Heat.

نفرت سے کچھ نہیں ہوگا حاصل دوستی کا ہاتھ بڑھاؤ
اندھیرے میں رہوگے کب تک اجلا کرلو من کو

انسان کی فطرت ہوجاتی ہے ویسی جس سنگت میں ہے رہتا
دھیان اس طرف ہے جاتا جس طرف لے جاؤ ذہن کو

دل میں مضمر خوبصورتی کو جان پاتا ہے کوئی پاک بشر
نفرت سے بھرا ہوتا ہے جابر پسند کرتا ہے دمن کو

چراغ کو تو بجھا لیتے ہو تم جب کبھی چاہو
مگر بجھا نہ پاؤگے آفتاب کی تابانی اگن کو

دفن Bury چیلیں Kite bird خرچ Have used آہن Iron ذہن Mind فطرت Nature
مضمر Hidden جابر Tyrant دمن Oppression آفتاب Sun تابانی Heat بے شک
Without doubt

मोहब्बत का मुज़ाहिरा

उन का हुस्न शबाब और इश्क़ हमारा होता
वो बयाबाँ में भी जन्नत का नज़ारा होता

हम मोहब्बत का मुज़ाहिरा कर तो देते लेकिन
उन की जानिब से अगर कोई इशारा होता

सकून-ए-दिल नहीं मिलता किसी को ज़माने में
इन आँसुओं को ही ख़ुशी में उतारा होता

आग तो लगती और कुछ धुआँ भी उठता
मोहब्बत में हम को ये भी गवारा होता

आब-गज़ीदा हम न थे पानी में जाते
हम को नज़र आता अगर कोई किनारा होता

मता-ए-ज़िंदगी कभी इस तरह लुट न जाती
उन की बाहों का अगर थोड़ा सहारा होता

محبت کا مظاہرہ

ان کا حسن شباب اور عشق ہمارا ہوتا
وہ بیاباں میں بھی جنت کا نظارا ہوتا

ہم محبت کا مظاہرہ کرتو دیتے لیکن
ان کی جانب سے بھی اگر کوئی اشارہ ہوتا

سکون دل نہیں ملتا کسی کو زمانے میں
ان آنسوؤں کو ہی خوشی میں اتارا ہوتا

آگ تو لگتی اور کچھ دھواں بھی اٹھتا
محبت میں ہم کو یہ بھی گوارا ہوتا

آب گزیدہ ہم نہ تھے پانی میں جاتے
ہم کو نظر آتا اگر کوئی کنارا ہوتا

متاع زندگی کبھی اس طرح لٹ نہ جاتی
ان کے ہاتھوں کا اگر تھوڑا سہارا ہوتا

दर्द की बात न थी दर्द तो होना था
इस दर्द का मगर कोई तो चारा होता

जुनून-ए-इश्क़ का होता है एक ही अंजाम
इस के कारोबार में अक्सर है ख़सारा होता

इक तमन्ना ही सुलगती रही सोख़्ते दिल में
हमारे इंतिज़ार में भी कहीं कोई ठहरा होता

हम दिल जिगर उन को दे आते
कभी तो सदा देते कभी तो पुकारा होता

शबाब-Youth, Prime life beauty. मुज़ाहिरा-Demonstration. सुकून-Peace, Calm, Tranquility. गवारा- Pleasant. Agreeable tolerate. आब-गज़ीदा- Water Bitten. Water Stung . मता-Stock, Asset possession. चारा-Cure, Remedy. अंजाम-Result.Consequnce. ख़सारा- Loss. सोख़्त- Burning, Scorched With Love.

درد کی بات نہ تھی درد تو ہونا تھا
اس درد کا مگر کوئی تو چارہ ہوتا

جنون عشق کا ہوتا ہے ایک ہی انجام
اس کے کاروبار میں اکثر ہے خسارہ ہوتا

اک تمنا ہی سلگتی رہی سوخت دل میں
ہمارے انتظار میں بھی کہیں کوئی ٹھہرا ہوتا

ہم دل جگر جاں ان کو دے آتے
کبھی تو صدا دیتے کبھی تو پکارا ہوتا

شباب Prime life beauty,Youth مظاہرہ Demonstration سکون Calm,Peace , Tranquility گوارا Tolerate, Agreeable,Pleasant آب Water گزیدہ Bitten, Stung متاع Possession, Asset,Stock چارہ Remedy,Cure انجام Result, Consequence خسارہ Loss سوخت Scorched with love,Burning

ज़िंदगी के रंग

रस्ता भी हूँ और मंज़िल भी हूँ मैं
मौजों से खेलता हूँ साहिल भी हूँ मैं

ख़ुदा ने की इनायत ख़ुदा की है रहमत
अजहल भी हूँ मैं फ़ाज़िल भी हूँ मैं

दिल में नहीं मेरे ज़र ज़मीन की आरज़ू
दौलत से दूर हूँ शामिल भी हूँ मैं

ना-तवाँ हूँ अगर तो ताब-ओ-तवाँ हूँ कभी
बिजली भी हूँ मैं बादल भी हूँ मैं

आया हूँ तय करने इस ज़िंदगी का सफ़र
राही भी हूँ मैं रहनुमा भी हूँ मैं

अल्लाह ने भेजा मुझ को अपनी रज़ा से
जिंदा भी हूँ मैं फ़ानी भी हूँ मैं

ज़िंदगी की उस दहलीज़ पर खड़ा हूँ इस वक़्त
बाहर भी हूँ मैं भीतर भी हूँ मैं

मौज-Wave Surge. इनायत-Favour Kindness. अजहल-Ignorant. फ़ाज़िल-Scholar, Accomplished Person. ज़र- Gold, Wealth. आरज़ू- Wish, Disire Longing.नातवाँ-Weak Feeble. ताब -ओ-तवाँ-Strong, Strength, Powerful. रहनुमा-Guide. फ़ानी-Mortal. दाख़िल- Entered.

زندگی کے رنگ

راستہ بھی ہوں اور منزل بھی ہوں میں
موجوں سے کھیلتا ہوں ساحل بھی ہوں میں

خدا نے کی عنایت خدا کی ہے رحمت
اجہل بھی ہوں میں فاضل بھی ہوں میں

دل میں نہیں میرے زر زمیں کی آرزو
دولت سے دور ہوں شامل بھی ہوں میں

ناتواں ہوں اگر تو تاب و تواں ہوں کبھی
بجلی بھی ہوں میں بادل بھی ہوں میں

آیا ہوں طے کرنے اس زندگی کا سفر
راہی بھی ہوں میں رہنما بھی ہوں میں

اللہ نے بھیجا مجھ کو اپنی رضا سے
زندہ بھی ہوں میں فانی بھی ہوں میں

زندگی کی اس دہلیز پر کھڑا ہوں اس وقت
باہر بھی ہوں میں بھیتر بھی ہوں میں

موج Surge,Wave عنایت Kindness,Favour رحمت Divine-favour,Blessing
اجہل Ignorant فاضل Accomplished person,Scholar زر Wealth,Gold آرزو
Longing, Desire,Wish ناتواں Feeble,Weak تاب وتواں Strength,Strong ,
Powerful رہنما Guide فانی Mortal داخل Entered,In

चल पड़ा है कोई

चल पड़ा है कोई दीवाना तेरी ख़ैरियत ख़बर के लिए
ना-मालूम रास्ते से जो जाता है तेरे घर के लिए

ऐसा निगाह-दार कहाँ से मिले जो मुझ पर हो मेहरबाँ
रहनुमाई कर दे भटकते मुसाफ़िर की तेरे शहर के लिए

ये दिन तमाम हुआ रात के गिरेबाँ में जा कर
वो रात ख़त्म हुई एक नई सहर के लिए

कौन जाने टूट जाए गी या पहुँचे गी साहिल तक
रवाँ हो गई है अब कश्ती गहरे बहर के लिए

दर्द ले आया है दिल दर्द-ए-इश्क़ के दर से
क्या करूँ चारा अब मैं इस ज़ख़्म-ए-जिगर के लिए

ख़ुश होता है हर कोई वस्ल में मिल कर
थोड़ा सा ग़म बचा कर रख ले हिज्र के लिए

दो आँसू न बहाए जिस ने तर्क-ए-मोहब्बत के वक़्त
जाने क्यूँ रो रहा है दिल उस पत्थर के लिए

ख़ैरीयत-Welfare, Happiness. निगह्-दार-Guardian. गिरेबाँ-Garment. सहर-Dawn Morning. रवाँ-Moving, Going. बहर-Ocean,Sea. चारा-Cure,Remedy. वस्ल-Meeting, Union.हिज्र-Sepration. तर्क-Desertion Giving up.

چل پڑا ہے

چل پڑا ہے کوئی دیوانہ تیری خیریت خبر کے لئے
نامعلوم راستے سے جو جاتا ہے تیرے گھر کے لئے

ایسا نگہدار کہاں سے ملے جو مجھ پر ہو مہرباں
رہنمائی کردے بھٹکتے مسافر کی تیرے شہر کے لئے

یہ دن تمام ہوا رات کے گریباں میں جاکر
وہ رات ختم ہوئی ایک نئی سحر کے لئے

کون جانے ٹوٹ جائے گی یا پہنچے گی ساحل تک
رواں ہوگئی ہے اب کشتی گہرے بحر کے لئے

درد لے آیا ہے دل درد عشق کے در سے
کیا کروں چارہ اب میں اس زخم جگر کے لئے

خوش ہوتا ہے ہر کوئی وصل میں مل کر
تھوڑا سا غم بچا کر رکھ لے ہجر کے لئے

دو آنسو نہ بہائے جس نے ترک محبت کے وقت
جانے کیوں رو رہا ہے دل اس پتھر کے لئے

خیریت Happiness, Good health,Welfare نگہدار Guardian گریباں Garment سحر Day break, Morning,Dawn رواں Flowing, Going,Moving بحر Sea,Ocean چارہ Remedy,Cure وصل Union,Meeting ہجر Separation ترک Quitting, Giving up,Desertion

इंतिज़ार करें

तुम जागती हो और अंगड़ाई लेती हो तो लगता है हो गई है सहर
तुम सोती हो तो तीरगी ढलने से लगता है उतर आई है शब-ए-गहर

तुम हँसती हो तो तेरी आँखों की चमक से हो जाती है लौ
तेरे साँसों की महक से भर जाती है फ़ज़ा में ख़ुशबू-ए-इत्र

तेरी जलवा-गरी से लहक उठती है आसमाँ में रंग-ए-शफ़क़
तुझे देखने उतर आते हैं चाँद तारे भी ज़मीं पर

तुम घर से बाहर न निकला करो मेरी जान पर्दा ओढ़े बग़ैर
ये दुनिया उठा लेती है सर पर शोर-ओ-ग़ुल और बरपा हश्र

तुम गलियों में फिरती हो तो लोगों की निगाहें लग जाती हैं तुम पर
तेरे हुस्न को देख कर राह-गीरों के क़दम जाते हैं उखड़

ये दुनिया बड़ी बे-दिल बड़ी बे-रहम है तुम समझा करो मेरी जान
डर लगता है कि लग जाए न कहीं तुझ को दुनिया की नज़र

कशिश बहुत है तुझ में दिल को लुभाने की मगर
अभी यूँ रख लें अपनी मोहब्बत को छुपा कर जिंदा हम

انتظار کریں

تم جاگتی ہو اور انگڑائی لیتی ہو تو لگتا ہے ہوگئی ہے سحر
تم سوتی ہو تو تیرگی ڈھلنے سے لگتا ہے اتر آئی ہے شب گھر

تم ہنستی ہو تو تیری آنکھوں کی چمک سے ہوجاتی ہے لؤ
تیرے سانسوں کی مہک سے بھر جاتی ہے فضا میں خوشبوئے عطر

تری جلوہ گری سے لہک اٹھتی ہے آسماں میں رنگ شفق
تجھے دیکھنے اتر آتے ہیں چاند تارے بھی زمیں پر

تم گھر سے باہر نہ نکلا کرو میری جاں پردہ اوڑھے بغیر
یہ دنیا اٹھا لیتی ہے سر پر شوروغل اور برپا حشر

تم گلیوں میں پھرتی ہو تو لوگوں کی نگاہیں لگ جاتی ہیں تم پر
تیرے حسن کو دیکھ کر راہگیروں کے قدم جاتے ہیں اکھڑ

یہ دنیا بڑی بے دل بڑی بے رحم ہے تم سمجھا کرو میری جاں
ڈر لگتا ہے کہ لگ جائے نہ کہیں تجھ کو دنیا کی نظر

کشش بہت ہے تجھ میں دل کو لبھانے کی مگر
ابھی یوں رکھ لیں اپنی محبت کو چھپا کر زندہ ہم

उस वक़्त का इंतिज़ार करें जब होगा न मोहब्बत पर ज़ुल्म-ओ-सितम
मुश्किल है अभी इस घड़ी किसी चीज़ का गुलज़ार हो जाना

दम घुटता हो जहाँ खुल कर सांस का भी ले पाना
बदले गा ये भी ज़माना कभी रुकती नहीं वक़्त की गर्दिश

दुख-दर्द न होगा किसी को इंसाँ हो गा ख़ुश
किसी के दिल में न ख़ौफ़ होगा न फ़िक्र-ओ-ग़म

जबीं लिशके गा मुसर्रत से और होगा लब-ए-तबस्सुम
वो वक़्त भी अएगा जब होगी माक़ूल फ़ज़ा

मसरूर होगा इंसाँ और जिए गा वो अपनी रज़ा
तब तक उस वक़्त का आने का इंतिज़ार करें

ख़ुश-गवार फ़ज़ा होने दें बे-रोक फिर हम प्यार करें

सहर-Morning Dawn. तीरगी- Darkness, obscurity. शब-गोहर-Darkness Pitch. फ़ज़ा-Atmosphere, Enviroment. जलवा-गरी- Splendid, Appearance. लहक- Glow, Kindeup, Glitter. शफ़क़-Redness, Hosizon at eveing morning. बर्पा-Tumut. हश्र-Cause a Hue and cry. गुलज़ार-Bloom, Garden. गर्दिश-Rotation, Revalution. जबीं-Forehead. मुसर्रत-Joy Delight, Pleasure. लब-Lip तबस्सुम-Smile माक़ूल-Plausible, Reasonable, Fair. मसरूर-Pleasure, Happy. रज़ा- Approval.

اس وقت کا انتظار کریں جب ہوگا نہ محبت پر ظلم و ستم
مشکل ہے ابھی اس گھڑی کسی چیز کا گلزار ہوجانا

دم گھٹتا ہو جہاں کھل کر سانس کا بھی لے پانا
بدلے گا یہ بھی زمانہ کبھی رکتی نہیں وقت کی گردش

دکھ درد نہ ہوگا کسی کو انساں ہوگا خوش
کسی کے دل میں نہ خوف ہوگا نہ فکروغم

جبیں لشکے گا مسرت سے اور ہوگا لب تبسم
وہ وقت بھی آئے گا جب ہوگی معقول فضا

مسرور ہوگا انساں اور جیئے گا وہ اپنی رضا
تب تک اس وقت کے آنے کا ہم انتظار کریں

خوشگوار فضا ہونے دیں بے روک پھر ہم پیار کریں

,Darkness شب گہر Obscurity,Thick Darkness تیرگی Dawn,Morning سحر
,Splendid جلوہ گری Environment,Atmosphere فضا Pitch Darkness
Redness in شفق Kindle up,Glow لہک Manifestation,Appearance
,Bloom گلزار cry Cause a hue برپا حشر Morning horizon at Evening
, Delight,Joy مسرت Forehead جبیں Revolution,Rotation گردش Garden
فضا Just, Fair, Reasonable,Plausible معقول Smile تبسم Lips لب Pleasure
Approval,Pleasure رضا Glad,Happy مسرور Environment,Atmosphere

ख़ामोश क्यूँ

होंट तेरे ख़ामोश क्यूँ हैं
तू रहता ना-ख़ुश क्यूँ हैं

दिल में कश्मकश क्यूँ है
उड जाता होश क्यूँ है

ज़बाँ तेरी क्यूँ थथला जाती है
आँख नम क्यूँ हो जाती है

सच क्यूँ तू कह नहीं पाता
सितम-गर से है क्यूँ डर जाता

जान है अभी भी तुझ में
अरमाँ हैं अभी जिंदा तुझ में

क्यूँ समझता है हाल-ए-ज़ार है तू
क्यूँ समझता है बे-कस-ओ-बे-कार है तू

न सोच ख़ुदा की मार है
न सोच तेरी अब हार है

خاموش کیوں

ہونٹ تیرے خاموش کیوں ہیں
تو رہتا ناخوش کیوں ہیں

دل میں کشمکش کیوں ہے
اڑ جاتا ہوش کیوں ہے

زباں تیری کیوں تھتھلا جاتی ہے
آنکھ نم کیوں ہوجاتی ہے

سچ کیوں تو کہہ نہیں پاتا
ستمگر سے ہے کیوں ڈر جاتا

جان ہے ابھی بھی تجھ میں
ارماں ہیں ابھی زندہ تجھ میں

کیوں سمجھتا ہے حال زار ہے تو
کیوں سمجھتا ہے بیکس بیکار ہے تو

نہ سوچ خدا کی مار ہے
نہ سوچ تیری اب ہار ہے

क्यूँ है तू ख़ौफ़-ज़दा
क्यूँ है तू अफ़्सुर्दा

तेरे अंदर ताब है बहुत
अधूरे हैं ख़्वाब बहुत

अपनी क़ुव्वत को जगा
अपनी ज़मीर को हिला

अपने हाथों को उठा
दुनिया को तू दिखा

तुझ में हिम्मत है अभी
तुझ में अज़ीमत है अभी

तू सच की ख़ातिर लड़ सकता है
तू सच को जिंदा रख सकता है

कश्मकश-Dilemma, Contention. सितमगर- Tyrant. Cruel. हाल-ए-ज़ार-Miserable, Condition, Pitiable, Plight. बेकस-Help less ख़ौफ़-ज़दा-Frightened, Terrifed, Afraid. अफ़्सुर्दा-Sad ताब-Energy, Power Heat. क़ुव्वत- Strength, Vigour.ज़मीर-Conscience.अज़ीमत-Resolve, Determination.

کیوں ہے تو خوفزدہ
کیوں ہے تو افسردہ

تیرے اندر تاب ہے بہت
ادھورے ہیں خواب بہت

اپنی قوت کو جگا
اپنی ضمیر کو ہلا

اپنے ہاتھوں کو اٹھا
دنیا کو تو دکھا

تجھ میں ہمت ہے ابھی
تجھ میں عزیمت ہے ابھی

تو سچ کی خاطر لڑسکتا ہے
تو سچ کو زندہ رکھ سکتا ہے

Miserable حال زار Cruel,Tyrant ستمگر Contention,Dilemma کشمکش
,Frightened خوفزدہ Destitute,Helpless بیکس Pitiable plight,condition
قوت Heat, Power,Energy تاب Dejected,Sad افسردہ Afraid,Terrified
,Resolve عزیمت Conscience ضمیر Capacity, Power, Vigour,Strength
Damp,Moist نم Purpose, Intention, Aim,Determination

बसंत

रुत बहार की है आने लगी
तबदीली मौसम में है लाने लगी

शगूफ़े शाख़ों पर हैं खिलने लगे
दिल से दिल हैं मिलने लगे

धूप फिर से है चमकने लगी
सूरज की ताब बढ़ने लगी

मीठी लगने लगी है हवा
जन्नत की जैसे हो सबा

ज़मीं गर्म है होने लगी
पर्बतों पर बर्फ़ पिघलने लगी

तेज़ी से दरिया बहने लगे
पानी किनारों से टकराने लगे

بسنت

رت بہار کی ہے آنے لگی
تبدیلی موسم میں ہے لانے لگی

شگوفے شاخوں پر ہیں کھلنے لگے
دل سے دل ہیں ملنے لگے

دھوپ پھر سے ہے چمکنے لگی
سورج کی تاب بڑھنے لگی

میٹھی لگنے لگی ہے ہوا
جنت کی جیسے ہو صبا

زمیں گرم ہے ہونے لگی
پربتوں پر برف پگھلنے لگی

تیزی سے دریا بہنے لگے
پانی کناروں سے ٹکرانے لگے

दिन बड़े अब हो रहे हैं
सवेरे रौशन जल्द हो रहे हैं

कोयल पेड़ों पर है कूकने लगी
टहनी गुलों से लदी झूमने लगी

फूल गुलशन में महकने लगे
रंग चमन में भरने लगे

देखने वाले दंग रहने लगे
हुस्न उन का सराहने लगे

जिधर देखता हूँ गुलज़ार है
सबद गुल सब्ज़ा-ज़ार है

जब देखता हूँ मैं बसंत
ख़ियाल में आता है अनंत

शगूफ़े-Buds Blossom. शाख़ों-Branches of Tree, Boughs. ताब-Heat सबा- Morning Breeze. गुलों-Flowers सबद-गुल-Basket of Flower सब्ज़ा-ज़ार-Meadow, Pasture अनंत- Endless, limitless, God.

دن بڑے اب ہو رہے ہیں
سویرے روشن جلد ہو رہے ہیں

کوئل پیڑوں پر ہے کوکنے لگی
ٹہنی گلوں سے لدی جھومنے لگی

پھول گلشن میں مہکنے لگے
رنگ چمن میں بھرنے لگے

دیکھنے والے دنگ رہنے لگے
حسن ان کا سراہنے لگے

جدھر دیکھتا ہوں گلزار ہے
نظر آتی بہار ہی بہار ہے

جب دیکھتا ہوں میں بسنت
خیال میں آتا ہے اننت

شگوفے Blossom,Buds شاخوں Boughs,Branches of tree تاب Heat,Light ,
Refulgence صبا Morning breeze گلوں Spring,Flowers اننت Endless,
Nature, God, Horizon,Limitless

मैं ने देखा है ख़ुदा

सर्द रुत जब आती है
पतझड़ का मौसम लाती है
सूरज की शोआएं चीर जाती हैं
चिनार के पत्तों में घुस जाती हैं
आग में जैसे जलने वो लगे
आतिश-ए-चिनार कहलाने वो लगे
लटक रहे शाख़ों से
धरती पर गिर जाने लगे
मंज़र है क्या दिल-कशा
मैं ने देखा है ख़ुदा

पर्बत के दामन में
क़ुदरत के आँगन में
वादी की ख़ामोशी में
पत्थरों की पा-बोसी में
जंगल खिले गुलों में
रंगीन महकते फूलों में

میں نے دیکھا ہے خدا

سرد رت جب آتی ہے
پت جھڑ کا موسم لاتی ہے
سورج کی شعاع چیر جاتی ہے
چنار کے پتوں میں گھس جاتی ہے
آگ میں جیسے جلنے وہ لگے
آتش چنار کہلانے وہ لگے
لٹک رہے شاخوں سے
دھرتی پر گرجانے لگے
منظر ہے کیا دلکشا
میں نے دیکھا ہے خدا

پربت کے دامن میں
قدرت کے آنگن میں
وادی کی خاموشی میں
پتھروں کی پابوسی میں
جنگل میں کھلے گلوں میں
رنگین مہکتے پھولوں میں

हरयाली के आँचल में
दूर बर्फ़ के पहलू में
झरनों से निकलती आब-ए-सदा
मैं ने देखा है ख़ुदा

कहीं फ़स्ल से भरा खेत है
कहीं सेहरा में उड़ती रेत है
कहीं बरसात में लहलहाता है चमन
कहीं बहार में खिल उठता है गुलशन
कहीं फ़लक में तारे चमकते हैं
कहीं आसमान से बादल बरसते हैं
कहीं नज़र आती है कहकशाँ
कहीं सूरज होता है फ़शाँ
कहीं रात होती है कहीं सहर
कहीं अज़ान होती है रह रह कर
कहीं गर्म चले कहीं ठंडी हवा
मैं ने देखा है ख़ुदा

कहीं मोहब्बत में दिल धड़कते हैं
कहीं इंसान दुश्मनी करते हैं
कहीं जंग का होता है एलान
कहीं अमन का देते हैं पैग़ाम
कहीं पेड़ों पर पंछी चहकते हैं

ہریالی کے آنچل میں
دور برف کے پہلو میں
جھرنوں سے نکلتی سریلی صدا
میں نے دیکھا ہے خدا

کہیں فصل سے بھرا کھیت ہے
کہیں صحرا سے اڑتی ریت ہے
کہیں برسات میں لہلہاتا ہے چمن
کہیں بہار میں کھل اٹھتا ہے گلشن
کہیں فلک میں تارے چمکتے ہیں
کہیں آسماں سے بادل برستے ہیں
کہیں نظر آتی ہے کہکشاں
کہیں سورج ہوتا ہے فشاں
کہیں رات ہوتی ہے کہیں سحر
کہیں اذاں ہوتی ہے رہ رہ کر
کہیں گرم چلے کہیں ٹھنڈی ہوا
میں نے دیکھا ہے خدا

کہیں محبت میں دل دھڑکتے ہیں
کہیں انسان دشمنی کرتے ہیں
کہیں جنگ کا ہوتا ہے اعلان
کہیں امن کا دیتے ہیں پیغام
کہیں پیڑوں پر پنچھی چہکتے ہیں

कहीं जंगलों में जानवर रहते हैं
कहीं किसान हल चलाते हैं
कहीं गाय भैंसे चराते हैं
कहीं मज़दूर बोझ उठाते हैं
कहीं बैठ कर नाग़मे गाते हैं
कहीं दरिया में पानी बहता है
कहीं आर-पर कोई जाता है
कहीं पैदा करता है कहीं फ़ना
मैं ने देखा है खुदा
काएनात में है वो रचा
कुदरत में है वो बसा
मैं ने देखा है खुदा

शोआएं-beam Rays. चिनार- Tree Found in Kashmir. शाख़ों-Branches of tree, Boughs मंज़र-Scene, Spectacle. दिलकश-Pleasing दामन – Side of garment .

पा-बोशी-Salutation. गुलों- Flowers. आब-Water. सदा- Sound. सेहरा-Desert. फ़लक-Sky. कहकशां फ़िशां-Galaxy spitting fire . सहर- Dawn . फ़ना- Death mortality .मांझी -Boatman.

کہیں جنگلوں میں جانور رہتے ہیں
کہیں کسان ہل چلاتے ہیں
کہیں گائے بھینس چراتے ہیں
کہیں مزدور بوجھ اٹھاتے ہیں
کہیں بیٹھ کر نغمے گاتے ہیں
کہیں دریا میں پانی بہتا ہے
کہیں آر پار کوئی جاتا ہے
کہیں پیدا کرتا ہے کہیں فنا
میں نے دیکھا ہے خدا
کائنات میں ہے وہ رچا
قدرت میں ہے وہ بسا
میں نے دیکھا ہے خدا

شعاع Beam rays چنار Tree found in Kashmir شاخوں Branches of tree, Boughs منظر Spectacle,Scene دلکشا Charming, Delightful,Pleasing دامن Side of garment پابوسی Worship, Adoration,Salutation گلوں Flowers صدا Sound صحرا Desert فلک Sky کہکشاں Galaxy فشاں Spitting fire,Diffusing سحر Dawn فنا Mortality,Death مانجھی Boatman

ईमान ढूँडें

चाक हो गया है गिरेबाँ सिलने का सामान ढूँडें
ख़रिदने पर भी नहीं मिलता कहाँ से ईमान ढूँडें

तर्क-ए-मोहब्बत कर गया न था वो पाबंद-ए-वफ़ा
किस दरगाह में दुआ करें और हम इत्मिनान ढूँडें

कितनी बे-दिली से छोड़ गया है हम को तन्हा
किस दिशा में जाएं उस का कारवाँ ढूँडें

एक वो था कि उड़ता ही रहा यहाँ से वहाँ
हम किस किस शजर पर उस का आशियाँ ढूँडें

इतना तवाँ हो गया कि समझने लगा ख़ुद को सिकंदर
कितने ना-तवाँ हम थे कि जगह जगह सर-गिराँ ढूँडें

गर्द-ओ-पेश के हालात नज़र आते नहीं होते माक़ूल
हिजरत कर जाएं कहीं कोई नया जहाँ ढूँडें

ایماں ڈھونڈیں

چاک ہوگیا ہے گریباں سلنے کا ساماں ڈھونڈیں
خریدنے پر بھی نہیں ملتا کہاں سے ایماں ڈھونڈیں

ترک محبت کر گیا نہ تھا وہ پابند وفا
کس درگاہ میں دعا کریں اور ہم اطمینان ڈھونڈیں

کتنی بے دلی سے چھوڑ گیا ہے ہم کو تنہا
کس دشا میں جائیں اس کا کارواں ڈھونڈیں

ایک وہ تھا کہ اڑتا ہی رہا یہاں سے وہاں
ہم کس کس شجر پر اس کا آشیاں ڈھونڈیں

اتنا تواں ہوگیا کہ سمجھنے لگا خود کو سکندر
کتنے ناتواں ہم تھے کہ جگہ جگہ سرگراں ڈھونڈیں

گرد و پیش کے حالات نظر آتے نہیں ہوتے معقول
ہجرت کرجائیں کہیں کوئی نیا جہاں ڈھونڈیں

अब ज़माने में इस्मत-ओ-इफ़्फ़त अवातिफ़-ए-मोहब्बत है कहाँ
कहीं और बसा लें घर कहीं और मकाँ ढूँडें

रात की तीरगी मैं चल रहे हैं बे-कसाना बे-मंज़िल
ग़म-ए-ज़िंदगी के तवील सफ़र में ख़ुद को कहाँ ढूँडें

किसी रह पर तो छोड़ जाता अपने नक़्श-ए-पाओं
अब कहाँ जायें हम और जा कर जानाँ ढूँडें

ज़मीं में ही सूख गए जितने भी डाले तुख़्म
हम नादान थे नादाँ रहे दश्त में बाराँ ढूँडें

फट गया हर वरक़ जिस पर लिखा था अपना क़िस्सा
अब कौन सी किताब में हम वो दास्ताँ ढूँडें

चाक-Cut, Slit. गिरेबाँ- Garment. तर्क- Giving up Breaking, Quiting. इत्मिनान- Satifaction, Calmness, respite. तन्हा-Alone, Lonely. शजर-Tree आशियाँ-Nest. तवाँ-Strong, Powerful,. नातवाँ- Weak, Powerless. दश्त-Desert बाराँ-Rain नक़्श-ए-पाओं-Footprint. सर-गिराँ- Proud, Haughty गिर्द-ओ-पेश- Conditions, Obtaining, Somewhere. माक़ूल-Reasonable, Fair, Just, Plausaible. हिजरत-Migration, Fleeing, Exodus. इस्मत- Chastity आलूदगी- Pollution अवातिफ़Affection, Feelings. तुख़्म-Seed. जानाँ-Beloved, Sweetheart. बे-कसाना-Helplessly. तवील-Lengthy. तीरगी-Darkness.

اب زمانے میں عصمت وعفت عواطف محبت ہے کہاں
کہیں اور بسا لیں گھر کہیں اور مکاں ڈھونڈیں

رات کی تیرگی میں چل رہے ہیں بیکسانہ بے منزل
غم زندگی کے طویل سفر میں خود کو کہاں ڈھونڈیں

کسی راہ پر تو چھوڑ جاتا اپنے نقش پانو
اب کہاں جائیں ہم اور جا کر جاناں ڈھونڈیں

زمیں میں ہی سوکھ گئے جتنے بھی ڈالے تخم
ہم ناداں تھے ناداں رہے دشت میں باراں ڈھونڈیں

پھٹ گیا ہر ورق جس پر لکھا تھا اپنا قصہ
اب کون سی کتاب میں ہم وہ داستاں ڈھونڈیں

چاک Torn, Slit,Cut گریباں Garment ترک Breaking, Quitting,Giving up
اطمینان Respite, Composure, Calmness,Satisfaction تنہا Lonely,Alone
شجر Tree آشیاں Nest تواں Powerful,Strong ناتواں Powerless,Weak دشت
Desert باراں Rain نقش پاؤں Footprint سرگراں Angry, Haughty,Proud
گردوپیش Conditions obtaining somewhere معقول Fair,Reasonable ,
Plausible,Just ہجرت Exodus, Fleeing,Migration عصمت وعفت Chastity
آلودگی Pollution عواطف Feelings,Affections تخم Seed جاناں Beloved,
Sweetheart بیکسانہ Alone,Helplessly طویل Lengthy تیرگی Darkness

अपना बनाता नहीं

अपना बनाता नहीं किसी का होने नहीं देता
मरासिम भी नहीं होता वो बिछड़ने नहीं देता

एक साया सा बन कर रहता है साथ
मुझ को ख़ुद से जुदा होने नहीं देता

हौसला भी देता है ख़ुश-ख़बरी सुना कर
दिल भी दुखाता है मगर रोने नहीं देता

आईना देखने में डर लगता है मुझ को
अक्स मेरा ही मुझ को छूने नहीं देता

मुझ को देखता है जैसे तलब हो मेरी
मिलता भी नहीं और मिलने भी नहीं देता

मर जाते हैं हादसों की वजह से लोग
मोहब्बत वो हादसा है जो मरने नहीं देता

तर्क करता हूँ उस वक़्त की यादें
माज़ी मेरा मुझ को भूलने नहीं देता

मरासिम-Have Relation. तलब-Demand. तर्क- Quitting, Breaking. माज़ी-Past

اپنا بناتا نہیں

اپنا بناتا نہیں کسی کا ہونے نہیں دیتا
مراسم بھی نہیں ہوتا وہ بچھڑنے نہیں دیتا

ایک سایہ سا بن کر رہتا ہے ساتھ
مجھ کو خود سے جدا ہونے نہیں دیتا

حوصلہ بھی دیتا ہے خوش خبری سنا کر
دل بھی دکھاتا ہے مگر رونے نہیں دیتا

آئینہ دیکھنے میں ڈر لگتا ہے مجھ کو
عکس میرا ہی مجھ کو چھونے نہیں دیتا

مجھ کو دیکھتا ہے جیسے طلب ہو میری
ملتا بھی نہیں ہے اور ملنے نہیں دیتا

مرجاتے ہیں حادثوں کی وجہ سے لوگ
محبت وہ حادثہ ہے جو مرنے نہیں دیتا

ترک کرتا ہوں اس وقت کی یادیں
ماضی میرا مجھ کو بھولنے نہیں دیتا

مراسم Have relations طلب Demand ترک Breaking,Quitting ماضی Past

फ़ना हो जाएं इश्क़ में

तस्वीर में देखा जैसा तुम हू-ब-हू निकले
ग़म-ए-दिल से आह निकले न हू निकले

फ़ना हो जाएँ इश्क़ करें जी भर कर
हम साथ रहें जब तक न रूह निकले

देखते रहते हैं कब दिन ढले रात आए
फ़लक पर चाँद नहीं तेरा माह-ए-रु निकले

सुकूँ मिलता नहीं घर में बयाबाँ चले जाएँ
जिस सिम्त भी हम जाएँ तेरी सू निकले

जहाँ करता है शिकवा हमारी शेफ़्तगी पर क्यूँ
लगे तुम पर अगर तोहमत मेरी आबरु निकले

فنا ہو جائیں عشق میں

تصویر میں دیکھا جیسا تم ہوبہو نکلے
غم دل سے آہ نکلے نہ ہو نکلے

فنا ہوجائیں عشق کریں جی بھر کر
ہم ساتھ رہیں جب تک نہ روح نکلے

دیکھتے رہتے ہیں کب دن ڈھلے رات آئے
فلک پر چاند نہیں تیرا ماہ رو نکلے

سکوں ملتا نہیں گھر میں بیاباں چلے جائیں
جس سمت بھی ہم جائیں تیری سو نکلے

جہان کرتا ہے شکوہ ہماری شیفتگی پر کیوں
لگے تم پر اگر تہمت میری آبرو نکلے

समझा मात दे दी हम ने रक़ीबों को
वो रुस्तम तो हमारे भी हैं गुरु निकले

कीया जिस पर भरोसा दिया उसी ने धोका
हमारे अपने ही नासेह हैं हमारे अदू निकले

प्यासा है दश्त पानी दो अब्र बरसा नहीं
काट दो किनारा दरिया का आब-ए-जू निकले

अकेले तो जाना है मुझे छोड़ कर दुनिया
तन्हा हो जाऊँ गा अभी अगर तू निकले

हू-ब-हू- Exactly .आह- Sigh. हू- Sigh Groan. फ़ना-Destroy. फ़लक-Sky. माह-ए-रु-Moon Face. सुकूँ-Calm. सिम्त-Direction. सू- Direction. शेफ़्तगी-(Sheftgi) Love Fondness .तोहमत- (Tohmat) Imputation, Slander, Calummy. आबरु-Honour. मात-Defeat. रक़ीबों-Rivals. रुस्तम-Hero. नासेह-Advisor. अदू-Enemy, Foe. दश्त-Desert. अब्र-Cloud. आब-जू-Water Stream. तन्हा-Lonely.

سمجھا مات دے دی ہم نے رقیبوں کو
وہ رستم تو ہمارے بھی ہیں گرو نکلے

کیا جس پر بھروسہ دیا اسی نے دھوکا
ہمارے اپنے ہی ناصح ہیں ہمارے عدو نکلے

پیاسہ ہے دشت پانی دو ابر برسا نہیں
کاٹ دو کنارا دریا کا آب جو نکلے

اکیلے تو جانا ہے مجھے چھوڑ کر دنیا
تنہا ہوجاؤں گا ابھی اگر تو نکلے

سکوں Moon face ماہ رو Sky فلک Destroy فنا Groan,Sigh ہو Sigh آہ Exactly ہوبہو
Imputation تہمت Fondness,Love شیفتگی Direction سو Direction سمت Calm
رستم Rivals رقیبوں Defeat مات Honour آبرو Calumny, Slander,Aspersion
Water آب جو Cloud ابر Desert دشت Foe,Enemy عدو Advisor ناصح Hero
Lonely تنہا stream

मंजिल न मिली

दुनिया में जो है मिलता वो तमाम मिला
मंज़िल न मिली मगर न ही मक़ाम मिला

किस किस जगह न गए तेरी तलाश में
हम वहाँ वहाँ गए जहाँ तेरा नाम मिला

ख़रीदार थे बहुत से मोहब्बत होती गई गिराँ
बेच गया अपनी इस्मत जिस को दाम मिला

मालूम न था होगा मोहब्बत का ये अंजाम
तमाम उम्र ग़म ही ग़म सुबह-ओ-शाम मिला

जिस पर आया दिल हासिल किया शेख़ ने
वो हलाल मिला उसे य वो हराम मिला

साक़ी ने बाँट दी मय हर तरफ़
अपनी बारी आई तो हमें ख़ाली जाम मिला

जो भी आया हाकिम हुआ जब तख़्त नशीं
अवाम-ए-जम्हूरियत के नाम सुल्तान का निज़ाम मिला

तमाम-Entire,Total, Full. मक़ाम-Place, Position, Status. गिराँ-Costly, Dear, Expensive. इस्मत-Chastity दाम-Price, Cost, Value. अंजाम-Result, Consequence. हलाल-Ligitimate, Having Religious Sanction, Lawful. हराम-Unlawful, Forbidden, Prohibited. तख़्त-नशीं-Ruler, Ascended the throne, Coronated. जम्हूरियत-Republic, Democracy. सुल्तान-Sovereign, Emperor. निज़ाम- System, Setup , Order.

منزل نہ ملی

دنیا میں جو ہے ملتا وہ تمام ملا
منزل نہ ملی مگر نہ ہی مقام ملا

کس کس جگہ نہ گئے تیری تلاش میں
ہم وہاں وہاں گئے جہاں تیرا نام ملا

خریدار تھے بہت سے محبت ہوتی گئی گراں
بیچ گیا اپنی عصمت جس کو دام ملا

معلوم نہ تھا ہوگا محبت کا یہ انجام
تمام عمر غم ہی غم صبح و شام ملا

جس پر آیا دل حاصل کیا شیخ نے
وہ حلال ملا اسے یا وہ حرام ملا

ساقی نے بانٹ دی مے ہر طرف
اپنی باری آئی تو ہمیں خالی جام ملا

جو بھی آیا حاکم ہوا جب تخت نشیں
عوام جمہوریت کے نام سلطان کا نظام ملا

تمام Full, Total, Entire مقام Status, Position,Place گراں Expensive, Dear, Costly عصمت Chastity دام Value, Cost,Price انجام Consequence,Result حلال Lawful, Having religious sanction,Legitimate حرام Prohibited, Forbidden,Unlawful تخت نشیں Coronated, Ascended the throne,Ruler جمہوریت Democracy, Republic سلطان Emperor,Sovereign نظام Order, Set up,System

दवा कौन करे

इश्क़ करे और कर के सोगवार हो जाए
दवा कौन करे अगर चारागर बीमार हो जाए

जान खपती रहती है दिन रात फ़िक्रों में
मौत क्यूँ न माँगें जब ज़िंदगी दुश्वार हो जाए

क्या जवाब दें हम उन के पैग़ाम का
ख़त का मज़मून ही अगर ना-गवार हो जाए

टूट जाते हैं रिश्ते जितने भी हों घने
दिलों के बीच जब खड़ी दीवार हो जाए

ताब-ओ-ताक़त न ला पाया बदन में तीमार-दार
उन के छू लेने से मगर ताब-दार हो जाए

वफ़ा-दारी हो उस्तुवारी तो तकरार से न टूटे
मना लेते हैं मिल कर अगर इनकार हो जाए

उम्मीद बना देते हैं कर के वो वादा
उम्मीद बनी रहे अगर दिल गुलज़ार हो जाए

सोगवार- Mourning, Sorrowful, Aggrieved. चारा-गर-One Who Cures, Nurse, Doctor, Remedying person . मज़मून- Subject Matter, Content. नागवार- Unplatable, Unpleasant, Offensive.ताब-ओ-ताक़त- Strength. तीमारदार-Nurse, Doctor, Person Attending a patient. ताब-दार-Warm. उस्तुवारी- Strong, Firm, Sturdy, Secure. तकरार- Altercation, Argument, Quarrel. गुलज़ार- Blossoming, Flowering, Garden like.

دوا کون کرے

عشق کرے اور کر کے سوگوار ہو جائے
دوا کون کرے اگر چارہ گر بیمار ہو جائے

جان کھپتی رہتی ہے دن رات فکروں میں
موت کیوں نہ مانگیں جب زندگی دشوار ہو جائے

کیا جواب دیں ہم ان کے پیغام کا
خط کا مضمون ہی اگر ناگوار ہو جائے

ٹوٹ جاتے ہیں رشتے جتنے بھی ہوں گھنے
دلوں کے بیچ جب کھڑی دیوار ہو جائے

تاب و طاقت نہ لا پایا بدن میں تیماردار
ان کے چھو لینے سے مگر تابدار ہو جائے

وفاداری ہو استواری تو تکرار سے نہ ٹوٹے
منا لیتے ہیں مل کر اگر انکار ہو جائے

امید بنا دیتے ہیں کر کے وہ وعدہ
امید بنی رہے اگر دل گلزار ہو جائے

, Doctor, Nurse,One who cures چارہ گر Aggrieved, Sorrowful,Mourning سوگوار
,Unpalatable ناگوار (Question Content,Subject matter مضمون Remedying
, Doctor,Nurse تیماردار Strength تاب و طاقت Offensive, Awkward,Unpleasant
Secure, Sturdy, Firm,Strong استواری Warm تابدار Person attending a patient
Garden like, Flowering,Blossoming گلزار Quarrel, Argument,Altercation تکرار

दश्त में घर

दश्त में घर होता तो शायद बर्बाद होता
अपने शहर में हो कर क्यूँ बे-आबाद होता

अपने ही लोगों ने लूट लिया उस को
तबाह होता गिर जाता अगर गिर्द-बाद होता

क्यूँ महकने नहीं देता गुल-ओ-गुलिस्ताँ को वो
हर जगह पर खड़ा क्यूँ है सय्याद होता

नफ़रत क्यूँ पनपती है इंसाँ के दिल में
इंसान का इंसाँ से क्यूँ है फ़साद होता

जहान में कुछ नहीं मिलता ग़म के सिवा
ख़ुश-दिली में रह कर क्यूँ नहीं शाद होता

دشت میں گھر

دشت میں گھر ہوتا تو شاید برباد ہوتا
اپنے شہر میں ہوکر کیوں بے آباد ہوتا

اپنے ہی لوگوں نے لوٹ لیا اس کو
تباہ ہوتا گرجاتا اگر گرد باد ہوتا

کیوں مہکنے نہیں دیتا گل و گلستاں کو وہ
ہر جگہ پر کھڑا کیوں ہے صیاد ہوتا

نفرت کیوں پنپتی ہے انساں کے دل میں
انساں کا انساں سے کیوں ہے فساد ہوتا

جہان میں کچھ نہیں ملتا غم کے سوا
خوشدلی میں رہ کر کیوں نہیں شاد ہوتا

यक़ीन क्यूँ हो उस पर खरा न हो अगर
एतिबार होता है जिस पर है एतिमाद होता

पैदा होते आदमी जकड़ा जाता है ज़ंजीरों में
मौत से ही क्यूँ वो है आज़ाद होता

क्यूँ किसी के ख़ून का प्यासा होता कोई
अगर उस को ख़ुदा का नाम याद होता

मज़हब में कहाँ लिखा है नफ़रत-ओ-बैर हो
इंसाँ से ही मुतअस्सिब-ए-सितम है ईजाद होता

गिर्दबाद-Whirl Wind. दश्त-Desert. गुल-ओ-गुलिस्ताँ-Flower, Garden, Rose Garden. सैयाद-Hunter फ़साद-Out Break. Tumult, Disturbance. ख़ुश-हाली-Cheerfulness, Happiness. शाद-Glad, Happy, Cheerful, Delighted. खरा- True, Honest, Pure, Genuine. एतिमाद-Faith, Trust, Reliance, Confidence. मुतअस्सिब- Bigoted, Prejudiced. सितम-Oppression, Tyranny, Injustice.

یقین کیوں ہو اس پر کھرا نہ ہو اگر
اعتبار ہوتا ہے جس پر ہے اعتماد ہوتا

پیدا ہوتے آدمی جکڑا جاتا ہے زنجیروں میں
موت سے ہی کیوں وہ ہے آزاد ہوتا

کیوں کسی کے خون کا پیاسا ہوتا کوئی
اگر اس کو خدا کا نام یاد ہوتا

مذہب میں کہاں لکھا ہے نفرت و بیر ہو
انساں سے ہی متعصب ستم ہے ایجاد ہوتا

صیاد Rose Garden,Garden flower گل وگلستاں Desert دشت Whirl-wind گرد باد
,Cheerfulness خوشدلی Disturbance, Tumult, Brawl,Outbreak فساد Hunter
,True کھرا Pleased, Delighted, Cheerful, Happy,Glad شاد Happiness
متعصب Confidence, Reliance, Trust,Faith اعتماد Genuine, Pure,Honest
Injustice, Tyranny,Oppression ستم Prejudiced,Bigoted

जाना है कहाँ

बे-वतन हो गया बशर इस शहर से निकल के
अब जाए कहाँ वो अपने घर से निकल के

जाना है कहाँ इस ने मंज़िल है कहाँ पर
भटक जाए गा ऐसे तो वो बे-राह चल के

अब उदास नहीं होता वो किसी ग़म के मिलते
ग़म रहता नहीं ग़म, ग़म में ग़म ढल के

कोई रहज़न ये करता तो हम हैराँ न होते
ये काम किया अपनों ने साथ साथ मिल के

ठोकरें खाते रहे हम मगर संभल भी जाते
हम गिर गए उन के हाथों से फिसल के

جانا ہے کہاں

بے وطن ہوگیا بشر اس شہر سے نکل کے
اب جائے کہاں وہ اپنے گھر سے نکل کے

جانا ہے کہاں اس نے منزل ہے کہاں پر
بھٹک جائے گا ایسے تو وہ بے راہ چل کر

اب اداس نہیں ہوتا وہ کسی غم کے ملتے
غم رہتا نہیں غم، غم میں غم ڈھل کے

کوئی رہزن یہ کرتا تو ہم حیراں نہ ہوتے
یہ کام کیا اپنوں نے ساتھ ساتھ مل کے

ٹھوکریں کھاتے رہے ہم مگر سنبھل بھی تھے جاتے
ہم گر گئے ان کے ہاتھوں سے پھسل کے

देखना धोका न खा जाना मुझ को समझ कर
बहुत बहरूपीये फिर रहे हैं यहाँ मेरी शक्ल के

किसी दूसरे पर मुनहसिर कब तक रहेंगे हम
ख़ुद बदल जाएँ हम रख दें दुनिया बदल के

बड़ी मेहनत से बोए बीज ज़मीं में उस ने
कव्वे उड के आए खा गए दाने फ़स्ल के

तख़्त नशीं थे सुल्तान हाकिम थे जो कल तक
गिरने लगे जगमगाते ऊँचे मीनार उन के महल के

बे-वतन-Homeless, Away From Homeland. बशर-Man, Human. बे-राह-Wrong, Not on the right path. रहज़न-Robber, Bandit. मुनहसिर-Dependent. तख़्त नशीं-Ascended on the throne, Coronated Ruler. सुल्तान-Sovereign, Emperor.

बहरूपीयेDisguised, In Make up.

دیکھنا دھوکا نہ کھا جانا مجھ کو سمجھ کر
بہت بہروپیئے پھر رہے ہیں یہاں میری شکل کے

کسی دوسرے پر منحصر کب تک رہیں گے ہم
خود بدل جائیں ہم رکھ دیں دنیا بدل کے

بڑی محنت سے بوئے بیج زمیں میں اس نے
کوے اڑ کر آئے کھا گئے دانے فصل کے

تخت نشیں تھے سلطان حاکم تھے جو کل تک
گرنے لگے جگمگاتے اونچے میناران کے محل کے

بے وطن Away from homeland,Homeless بشر Human,Man بے راہ Wrong, Not on the right path رہزن Bandit,Robber منحصر Dependent تخت نشیں coronated ruler,Ascended on the throne سلطان Emperor,Sovereign بہروپیئے In make up,Disguised

अपना जहाँ हो

एक मैं एक तू अपना जहाँ हो
अपनी वो जन्नत अपना वो रिज़वाँ हो

इस दुनिया की हद से पार चलें
दुनिया अपनी जो हो वो बे-कराँ हो

न आएं वहाँ से लौट कर हम
ख़त्म अपनी वहाँ पर ही दास्ताँ हो

फ़लक पर कभी धूप हो कभी छाया
बूँदा-बाँदी में भीगें अब्र-ए-बाराँ हो

रंग-ए-इश्क़ में रंग जाएँ हम तुम
ऊपर आसमाँ में भी रंग-ए-कहकशाँ हो

اپنا جہاں ہو

ایک میں ایک تو اپنا جہاں ہو
اپنی وہ جنت اپنا وہ رضواں ہو

اس دنیا کی حد سے پار چلیں
دنیا اپنی جو ہو وہ بیکراں ہو

نہ آئیں وہاں سے لوٹ کر ہم
ختم اپنی وہاں پر ہی داستاں ہو

فلک پر کبھی دھوپ ہو کبھی چھایا
بوندا باندی میں بھیگیں ابر باراں ہو

رنگ عشق میں رنگ جائیں ہم تم
اوپر آسماں میں بھی رنگ کہکشاں ہو

जहाँ पाओं रखें छोड़ें नक़्श हम अपने
तेरा मेरा ही वहाँ पर निशाँ हो

महकता रहे वो जो अपना गुलिस्ताँ हो
कलियों फूलों से भरा अपना दामाँ हो

न जुस्तुजू हो न कोई तमन्ना रहे
कोई हो न हो तुम मेहरबाँ हो

अपनी दुनिया में जा कर आशियाँ बनाएं
जहाँ मोहब्बत पले जहाँ हयात दरख़्शाँ हो

जन्नत-Paradise, Heaven. रिजवाँ-Paradise. बे-कराँ-Shoreless, Boundless. दास्ताँ-Story, fable, Legend. फ़लक-Sky. अब्र-ए-बाराँ-Rain Cloud. कहकशाँ-Spectrum, Milkyway. नक़्श-Print, Mark. गुलिस्ताँ-Garden. दामाँ-Side of Garment (Jholi) जुस्तुजू-Quest Search. आशियाँ-Abode, Nest, Residence. हयात-Life. दरख़्शाँ-Shining, Glittering, Resplendent.

جہاں پاؤں رکھیں چھوڑیں نقش ہم اپنے
تیرا میرا ہی وہاں پر نشاں ہو

مہکتا رہے وہ جو اپنا گلستاں ہو
کلیوں پھولوں سے بھرا اپنا داماں ہو

نہ جستجو ہو نہ کوئی تمنا رہے
کوئی ہو نہ ہو تم مہرباں ہو

اپنی دنیا میں جاکر آشیاں بنائیں
جہاں محبت پلے جہاں حیات درخشاں ہو

جنت Heaven,Paradise رضواں Paradise بیکراں Boundless,Shoreless داستاں Legend, Fable,Story فلک Sky ابر باراں Rain cloud کہکشاں Galaxy, Milky way,Spectrum نقش Mark,Print گلستاں Garden داماں Side of (jholigarment) جستجو Search,Quest آشیاں Residence, Abode,Nest حیات Life درخشاں Resplendent, Glittering,Shining

ज़मीर

एक दिन ज़मीर का दरवाज़ा खटखटाया मैं ने
सो रही थी उस को जगाया मैं ने

बोली बड़ी इत्मिनान और सुकूँ में रहती हूँ
अपने वजूद को नहीं है गंवाया मैं ने

हस्ती अपनी को क़ाएम रखना भी ज़रूरी है
ज़िंदगी में सच का करम है कमाया मैं ने

झूट की बुनियाद पर खड़ा है ज़माना
ग़रज़ की ख़ातिर सर नहीं झुकाया मैं ने

जिस रास्ते पे चलना है तलाश है किया
उसी मंज़िल का मार्ग है अपनाय मैं ने

अपनी दुनिया में रहती हूँ चैन से मैं
अपने सपनों से उस को सजाया मैं ने

जिंदा रखा है उस को ऊँचा कर के
अपनी ज़मीर को नहीं है गिराया मैं ने

ज़मीर-Conscience. इत्मीनान-Satisfaction, Calmness, Respite. सुकूँ-Calm. वजूद- Being, Existence.हस्ती-Entity, Existence. ग़रज़-Selfishness. मार्ग-Path.

ضمیر

ایک دن ضمیر کا دروازہ کھٹکھٹایا میں نے
سو رہی تھی اس کو جگایا میں نے

بولی بڑے اطمینان اور سکوں میں رہتی ہوں
اپنے وجود کو نہیں ہے گنوایا میں نے

ہستی اپنی کو قائم رکھنا بھی ضروری ہے
زندگی میں سچ کا کرم ہے کمایا میں نے

جھوٹ کی بنیاد پر کھڑا ہے زمانہ
غرض کی خاطر سر نہیں جھکایا میں نے

جس راستے پر چلنا ہے تلاش ہے کیا
اسی منزل کا مارگ ہے اپنایا میں نے

اپنی دنیا میں رہتی ہوں چین سے میں
اپنے سپنوں سے اس کو سجایا میں نے

زندہ رکھا ہے اس کو اونچا کر کے
اپنی ضمیر کو نہیں ہے گرایا میں نے

ضمیر Conscience اطمینان Respite, Composer, Calmness,Satisfaction
سکوں Calm وجود Existence,Being ہستی Existence,Entity غرض Selfishness
مارگ Path

मैं वहीं हूँ पाकिस्तान में

मैं वहाँ तो नहीं हूँ मगर मैं वहीं हूँ
उस धरती पर जहाँ मैं ने जनम लिया
बड़ा हुआ खेला कूदा खुल कर सांस लिया
बेले से लौटे गोजरों से बकरी का दूध पिया
हिजरत के बाद भी मैं वहीं मकीं हूँ
मैं वहाँ तो नहीं हूँ मगर मैं वहीं हूँ

मेरे बुज़ुर्गों ने जहाँ खेती की काम किया
वहीँ पर मरे वो और वहीं था जिया
ख़ुश-गवार हालात थे किसी ने झगड़ा न किया
ख़याल रहते हैं वहीं मैं वहीं नशीं हूँ
मैं वहाँ तो नहीं हूँ मगर मैं वहीं हूँ

میں وہیں ہوں پاکستان میں

میں وہاں تو نہیں ہو ں مگر میں وہیں ہوں
اس دھرتی پر جہاں میں نے جنم لیا
بڑا ہوا کھیلا کودا کھل کر سانس لیا
بیلے سے لوٹے گوجروں سے بکری کا دودھ پیا
ہجرت کرنے بعد بھی میں وہیں مکیں ہوں
میں وہاں تو نہیں ہوں مگر میں وہیں ہوں

میرے بزرگوں نے جہاں کھیتی کی کام کیا
وہیں پر مرے وہ اور وہیں تھا جیا
خوشگوار حالات تھے کسی نے جھگڑا نہ کیا
خیال رہتے ہیں وہیں میں وہیں نشیں ہوں
میں وہاں تو نہیں ہوں مگر میں وہیں ہوں

मैं अब भी वहाँ हूँ अगरचे हूँ नहीं
दिल वहीं है मेरा मगर ये जिस्म नहीं
एहसास जुड़े हैं ऐसे कि टूटते ही नहीं
वो मेरा भी वतन है मैं उस के करीं हूँ
मैं वहाँ तो नहीं हूँ मगर मैं वहीं हूँ

अपने हम-साया ही जब दुश्मन-ए-जाँ हो गए
बसे बसाये घर ख़ाली सूने वीराँ हो गए
जब मज़हब नहीं सिखाता आपस में बैर रखना
मज़हब के पैरो-कार क्यूँ बे-दीन ना-इन्सान हो गए
अगर यही है मज़हब तो मैं मुनकरीन हूँ
मैं वहाँ तो नहीं हूँ मगर मैं वहीं हूँ

बेले – Forest. हिजरत- Migration , Exodus. मकीं – Resident , Inhabitant. नशीं -Sitting . करीं- Closely Connected . हम-साया – Neighbour . पैरो-कार – Follower . बे-दीन – Irreligious

میں اب بھی وہاں ہوں اگرچہ ہوں نہیں
دل وہیں ہے میرا مگر یہ جسم نہیں
احساس جڑے ہیں ایسے کہ ٹوٹتے ہی نہیں
وہ میرا بھی وطن ہے میں اس کے قرین ہوں
میں وہاں تو نہیں ہوں مگر میں وہیں ہوں

اپنے ہمسائے ہی جب دشمن جاں ہوگئے
بسے بسائے گھر خالی سونے ویراں ہوگئے
جب مذہب نہیں سکھاتا آپس میں بیر رکھنا
مذہب کے پیروکار کیوں بے دین نا انساں ہوگئے
اگر یہی ہے مذہب تو میں منکرین ہوں
میں وہاں تو نہیں ہوں مگر میں وہیں ہوں

ہجرت Migration,Exodus مکیں Inhabitant,Resident نشیں Sitting قرین Closely connected ہمسائے Neighbour پیروکار Follower بے دین Irreligious بیلے Forest

हम हिसाब माँगें गे

तशद्दुद जो हुए उस का हिसाब माँगें गे
हम हर एक सज़ा का जवाब माँगें गे

सलीबों पर न लटकने देंगे मासूमों को
इंसाफ के नुमाइंदे मुंसिफ़ से सवाब माँगें गे

न दूसरों की बख़्शिश न इनायत चाहिए हमें
अपना हक़ और मेहनत का सवाब माँगें गे

वो चमन हमारा है हम ने है सींचा
हक़ अपना जताएं गे और गुलाब माँगें गे

नींदें उड़ती रहीं हमारी जागते रहे हम
जो देखते रहे हम वो ख़्वाब माँगें गे

ہم حساب مانگیں گے

تشدد جو ہوئے اس کا حساب مانگیں گے
ہم ہر ایک سزا کا جواب مانگیں گے

صلیبوں پر نہ لٹکنے دیں گے معصوموں کو
انصاف کے نمائندے منصف سے صواب مانگیں گے

نہ دوسروں کی بخشش نہ عنایت چاہئے ہمیں
اپنا حق اور محنت کا ثواب مانگیں گے

وہ چمن ہمارا ہے ہم نے ہے سینچا
حق اپنا جتائیں گے اور گلاب مانگیں گے

نیندیں اڑتی رہیں ہماری جاگتے رہے ہم
جو دیکھتے رہے ہم وہ خواب مانگیں گے

चाँदनी कितनी हसीं लगती है धरती पर बिखरी
चमकता रहे जो सदा वो महताब माँगें गे

पीने को पानी नहीं मिलता अब साफ़ कहीं
अमृत जैसा जो निर्मल हो वो आब माँगें

दश्त में बरसे करे हरा भरा उस को
प्यास सब की मिटाए ऐसा सहाब माँगें गे

लड़ते रहे हम सुल्तान के तख़्त की ख़ातिर
अब लड़ें गे अपने लिए अपना इंतिख़ाब माँगें गे

तशद्दुद-Violence, Third Dgree Methods, Tyranny, Oppression. सलीबों-Crucifire. नुमाइंदे-Representative. मुंसिफ़- Judge. सवाब-Correct Judgement, Sound Judgement.इनायत-Favour. सवाब-Reward. महताब-Moon. निर्मल-Clean. अमृत-Nectar. आब-Water. दश्त-Desert. सहाब-Cloud. इंतिख़ाब-Selection, Choice.

چاندنی کتنی حسیں لگتی ہے دھرتی پر بکھری
چمکتا رہے جو سدا وہ مہتاب مانگیں گے

پینے کو پانی نہیں ملتا اب صاف کہیں
امرت جیسا جو نرمل ہو وہ آب مانگیں گے

دشت میں برسے کرے ہرا بھرا اس کو
پیاس سب کی مٹائے ایسا سحاب مانگیں گے

لڑتے رہے ہم سلطان کے تخت کی خاطر
اب لڑیں گے اپنے لیئے اپنا انتخاب مانگیں گے

تشدد Oppression, Tyranny, Third degree methods,Violence صلیبوں Crucifix نمائندے Representatives منصف Judge صواب Correct Judgement, Sound Judgement عنایت Favour ثواب Reward مہتاب Moon نرمل Clean امرت Nector آب Water دشت Desert سحاب Cloud انتخاب Choice,Selection

हिज्र ही हिज्र है

कोई पैग़ाम नहीं कोई विसाल की बात नहीं
हिज्र ही हिज्र है ना उम्मीद हूँ मुलाक़ात नहीं

तुम ही बताओ क्यूँ न चाहूँ तुम को
इश्क़ में रहते बस में जब जज़्बात नहीं

जी रहा हूँ तन्हाई में कैसे न पूछ
चलती जा रही है मगर ख़ुरमी हयात नहीं

ऐसा वक़्त न आए किसी पर मेरे ख़ुदा
जहाँ ज़िंदगी मोहाल लगे तेरी दी सौग़ात नहीं

तेरी नज़र से हम देखा करते थे दुनिया
अब तू वो नहीं तेरी वो नज़रियात नहीं

ग़म खा कर भी रहना पड़ता है जिंदा
मौत मांगने से भी तो मिलती वफ़ात नहीं

ہجر ہی ہجر ہے

کوئی پیغام نہیں کوئی وصال کی بات نہیں
ہجر ہی ہجر ہے ناامید ہوں ملاقات نہیں

تم ہی بتاؤ کیوں نہ چاہوں تم کو
عشق میں رہتے بس میں جب جذبات نہیں

جی رہا ہوں تنہائی میں کیسے نہ پوچھ
چلتی جارہی ہے مگر خرمی حیات نہیں

ایسا وقت نہ آئے کسی پر میرے خدا
جہاں زندگی محال لگے تیری دی سوغات نہیں

تیری نظر سے ہم دیکھا کرتے تھے دنیا
اب تو وہ نہیں تیرا وہ نظریات نہیں

غم کھاکر بھی رہنا پڑتا ہے زندہ
موت مانگنے سے بھی تو ملتی وفات نہیں

कम नहीं होती जफ़ा उस के फ़रेब में
गुज़रे जिस पर जानते हैं करते शिकायत नहीं

तलवार से नहीं काटते लेने को इल्ज़ाम मगर
तेरा निगाहों से यूँ देखना क्या जराहत नहीं

तेरी जलवा-गरी का कर लिया जिस ने दीदार
ख़्वार हो जाता है रहता वो सलामत नहीं

लुत्फ़ ले लो रहते दम तक ज़िंदगी का
चली जानी है फिर होनी ये इनायत नहीं

ज़हर पीने को कहते हैं सुकरात को वो
जिन को सच मंज़ूर नहीं इल्म बर्दाश्त नहीं

पैग़ाम-Message, Communication. विसाल-Uniting. हिज्र-Separation. तन्हाई-Loneliness. ख़ुर्मि-Happy Merry Cheerful. हयात-Life, Existence. मोहाल-Difficult. नज़रियात-Contemplation, Perception, Way to Look at. वफ़ात-Death. जफ़ा-Oppression, Injustice, Violence, Injury. जराहत-Wound. जलवा-गरी-Manifestation, Splendid, Appearance. ख़्वार-Miserable, Ignoble, Friendless. सलामत-Secure. इनायत-Favour Kindness. सुकरात-Socratese, The Greek Philosopher.

کم نہیں ہوتی جفا اس کے فریب میں
گزرے جس پر جانتے ہیں کرتے شکایات نہیں

تلوار سے نہیں کاٹتے لینے کو الزام مگر
تیرا نگاہوں سے یوں دیکھنا کیا جراحت نہیں

تیری جلوہ گری کا کرلیا جس نے دیدار
خوار ہوجاتا ہے رہتا وہ سلامت نہیں

لطف لے لو رہتے دم تک زندگی کا
چلی جاتی ہے پھر ہوتی یہ عنایت نہیں

زہر پینے کو کہتے ہیں سقراط کو وہ
جن کو سچ منظور نہیں علم برداشت نہیں

تنہائی Separation ہجر Uniting وصال Communication,Message پیغام
محال Existence,Life حیات Cheerful, Merry,Happy خرمی Loneliness
Death وفات Way to look at, Perception,Contemplation نظریات Difficult
,Manifestation جلوہ گری Wound جراحت Injury, Injustice,Oppression جفا
سلامت Friendless, Ignoble,Miserable خوار Splendid appearance
the Greek,Socratese سقراط Kindness,Favour عنایت Secure
philosopher

हम न कह पाए

मोहब्बत थी उन से मगर कैसे क्या कहते
लब पर लफ़्ज़ आते अगर तो बजा कहते

हम न कह पाए तवक़्क़ी की वो कहते
सोचते रह गए हम वो हैं क्या कहते

हिम्मत ही न जुटा पाए कुछ कहने की
अगर वो ही कह पाते तो मरहबा कहते

जाते जाते वो निगाहों से हैं कह जाते
नहीं कहते तो उन की हैं अदा कहते

क़रीब आते हैं वो मगर ख़ामोश हैं रहते
उन की ख़ामोशी को हम हैं सदा कहते

ہم نہ کہہ پائے

محبت تھی ان سے مگر کیسے کیا کہتے
لب پر لفظ آتے اگر تو بجا کہتے

ہم نہ کہہ پائے توقع کی وہ کہتے
سوچتے رہ گئے ہم وہ ہیں کیا کہتے

ہمت ہی نہ جٹا پائے کچھ کہنے کی
اگر وہ ہی کہہ پاتے تو مرحبا کہتے

جاتے جاتے وہ نگاہوں سے ہیں کہہ جاتے
نہیں کہتے تو ان کی ہیں ادا کہتے

قریب آتے ہیں وہ مگر خاموش ہیں رہتے
ان کی خاموشی کو ہم ہیں صدا کہتے

क़ुसूर अपना था जो कह न पाए हम
कोताही हम से हुई उन से क्या कहते

नहीं हुए अच्छे तो भी गुज़र है जानी
हो जाते अगर अच्छे उन की दुआ कहते

कुछ कहने को आते तो कट जाती ज़बाँ
हम समझ ही न पाए तो क्या कहते

लब-Lip. बजा-Alright, Proper. तवक़्क़ो-Expectation, Hope. मरहबा-Welcome. अदा-Grace. सदा-Call. कोताही-Deficiency, Shortness, Failure Lack.

قصور اپنا تھا جو کہہ نہ پائے ہم
کوتاہی ہم سے ہوئی ان سے کیا کہتے

نہیں ہوئے اچھے تو بھی گزر ہے جانی
ہوجاتے اگر اچھے ان کی دعا کہتے

کچھ کہنے کو آتے تو کٹ جاتی زباں
ہم سمجھ ہی نہ پائے تو کیا کہتے

لب Lips بجا Proper,Alright توقع Hope,Expectation مرحبا Bravo,Welcome
ادا Grace صدا Call کوتاہی Lack, Failure, Shortness,Deficiency

दास्तान-ए-उल्फ़त

जबीं से उठाते ज़ुल्फ़ें किया हमें आदाब हैं
हमारी दास्तान-ए-उल्फ़त में ये ख़ुश-गवार बाब है

शब भर उन के इंतिज़ार में जागे हम
ऊँघती निगाहों से घड़ियाँ गिनना भी अज़ाब है

नहीं लगाते क़ीमत रु-ए-हुस्न की जवाहिर से
लाल-ओ-गोहर से बढ़ कर मोहब्बत नायाब है

अपने हुस्न का था उन को बहुत ज़ोम
हैरत हुई देख कर मिल गया जवाब है

किस तरफ़ मोहार मोड़ें उम्र-ए-तौसिन की हम
न पीठ पर काठी न ही रिकाब है

داستان الفت

جبیں سے اٹھاتے زلفیں کیا ہمیں آداب ہے
ہماری داستان الفت میں یہ خوشگوار باب ہے

شب بھر ان کے انتظار میں جاگے ہم
اونگھتی نگاہوں سے گھڑیاں گننا بھی عذاب ہے

نہیں لگاتے قیمت روئے حسن کی جواہر سے
لال و گوہر سے بڑھ کر محبت نایاب ہے

اپنے حسن کا تھا ان کو بہت زعم
حیرت ہوئی دیکھ کر مل گیا جواب ہے

کس طرف مہار موڑیں عمر توسن کی ہم
نہ پیٹھ پر کاٹھی ہے نہ رکاب ہے

सजा देता है गुलिस्ताँ खिलता हुआ बहार-ए-चमन
गुल की कशिश उस की महक शबाब है

नहीं होता उन पर असर मेरे शेवन का
आँखों से बह रहा अगरचे ख़ुन-ए-सैलाब है

सफ़ीना डूब चला है साहिल की तलाश में
धरती धस गई है आब ही आब है

हवा से भरा बुलबुला फट जाना है जरूर
हयात भी इंसान की होती एक हबाब है

जबीं-Forehead. आदाब-salutation. दास्तान-ए-उल्फ़त-Love Story. बाब-Chapter. शब-Night. ऊँघती-Sleepish अज़ाब-Torment, Punish. रु-ए-हुस्न-Beautyful Face. जवाहिर-Jewelry, Gem. लाल-ओ-गोहर- नायाब-Priceless, Scarce. ज़ोम-Pride. हैरत-Astonishment. मोहार-Nose String. तौसिन-Horse. काठी-Saddle. रकाब-Stirrup. गुल-Flower. शबाब-Youth. शेवन-Lamentation Weeping. सैलाब-Flood. सफ़ीना-Boat, Ship. साहिल-Shore. आब- Water.हयात-Life. हुबाब-Bubble.

سجا دیتا ہے گلستاں کھلتا ہوا بہار چمن
گل کی کشش اس کی مہک شباب ہے

نہیں ہوتا ان پر اثر میرے شیون کا
آنکھ سے بہہ رہا اگرچہ خون کا سیلاب ہے

سفینہ ڈوب چلا ہے ساحل کی تلاش میں
دھرتی دھنس گئی ہے آب ہی آب ہے

ہوا سے بھرا بلبلا پھٹ جانا ہے ضرور
حیات بھی انساں کی ہوتی ایک حباب ہے

جبیں Forehead آداب Salutation داستان Story الفت Love باب Chapter شب Night
اونگھتی Sleepish عذاب Punishment,Torment روئے حسن Beautiful face جواہر
Gems,Jewelry لال وگوہر(Gems,Diamond) نایاب Rare,Priceless ,
Scarce زعم Pride حیرت Astonishment مہار Nose string توسن Horse کاٹھی
Saddle رکاب Stirrup گل Flower شباب Youth شیون Lamentation,
Weeping سیلاب Flood سفینہ Ship,Boat ساحل Shore آب Water حیات Life حباب
Bubble

सितम ये है

मुझ को बर्बाद करने वाला अगरचे बे-नाम नहीं
गुनाह-गारों की फ़ेहरिस्त में उस का नाम नहीं

नहीं करते गुफ़्तार ज़बाँ कलाम अगर हम से
ये तो दुरुस्त नहीं कि दुआ सलाम नहीं

मोहब्बत की है हम ने मानते हैं हम
लगी है हम पर जो तोहमत बे-जा इतहाम नहीं

दिल-ए-नादाँ तड़प उठता है आह-ओ-फ़ुग़ाँ में
उन की जानिब से आता जब पयाम नहीं

मुसीबतों से हर इंसाँ को गुज़रना है पड़ता
अपनी अलम का तो मगर कोई इख़्तिताम नहीं

किस तरह बीते गी अब ये शब-ए-फ़िराक़
वो भी पास नहीं और साग़र-ओ-जाम नहीं

कटती जा रही है फ़िक्र-ओ-फ़न में ज़िंदगी
सितम ये है ज़िंदगी में मिला आराम नहीं

अगरचे -Al though. बे-नाम-Unknown. फ़ेहरिस्त-List. गुफ़्तार-Talk. ज़बाँ-कलाम-Talk. दुरुस्त-Proper, Correct, Right. तोहमत-Aspersion, Accusation. बे-जा इतहाम-Falseaccusation. आह-ओ-फ़ुग़ाँ-Wailing. जानिब-Direction. पयाम-Message. अलम-Pain. इख़्तिताम-End, Termination. शब-ए-फ़िराक़-Separation. साग़र-ओ-जाम-Wine Cup. फ़िक्र-ओ-फ़न-Routine Worries. सितम-Tyranny.

ستم یہ ہے

مجھ کو برباد کرنے والا اگرچہ بے نام نہیں
گنہگاروں کی فہرست میں اس کا نام نہیں

نہیں کرتے گفتار زباں کلام اگر ہم سے
یہ تو درست نہیں کہ دعا سلام نہیں

محبت کی ہے ہم نے مانتے ہیں ہم
لگی ہے ہم پر جو تہمت بے جا اتہام نہیں

دل ناداں تڑپ اٹھتا ہے آہ و فغاں میں
ان کی جانب سے آتا جب پیام نہیں

مصیبتوں سے ہر انساں کو گزرنا ہے پڑتا
اپنی الم کا تو مگر کوئی اختتام نہیں

کس طرح بیتے گی اب یہ شب فراق
وہ بھی پاس نہیں اور ساغر و جام نہیں

کٹتی جا رہی ہے فکر و فن میں زندگی
ستم یہ ہے زندگی میں ملا آرام نہیں

اگرچہ Although بے نام Unknown فہرست List گفتار Talk زباں کلام Talking درست Proper, Fit,Correct تہمت Accusation,Aspersion بے جا اتہام False accusation آہ و فغاں Wailing جانب Direction پیام Communication,Message الم Agony,Pain , Grief,Torment اختتام Termination,End شب Night فراق Separation ساغر و جام Wine cup فکر و فن Routine worries ستم Tyranny

ख़ता होती माफ़ करते

बे-ध्यान ग़लती होने से कोई मुजरिम नहीं होता
ख़ता होती माफ़ करते झूट हज़्म नहीं होता

दिल में अक़ीदत न हो तो बँदगी किस काम
ख़ुदा का नाम लेना कोई रस्म नहीं होता

अपनी ख़ुदी त्याग कर दो से एक नहीं होता
मोहब्बत से बे-ख़बर है, मैं से हम नहीं होता

यही जनम है जो मिला नस्ल-ए-इंसाँ का
मौत के बाद फिर ऐसा जनम नहीं होता

जलवा गरी उन की करती है दिल-कुश्ता
उन के लिए मगर ये सितम नहीं होता

सूरज की रौशनी ले कर चाँद चमक उठा
सूरज की तरह मगर चाँद गर्म नहीं होता

خطا ہوتی معاف کرتے

بے دھیان غلطی ہونے سے کوئی مجرم نہیں ہوتا
خطا ہوتی معاف کرتے جھوٹ ہضم نہیں ہوتا

دل میں عقیدت نہ ہو تو بندگی کس کام
خدا کا نام لینا کوئی رسم نہیں ہوتا

اپنی خودی تیاگ کر دو سے ایک نہیں ہوتا
محبت سے بے خبر ہے، میں سے ہم نہیں ہوتا

یہی جنم ہے جو ملا نسل انساں کا
موت کے بعد پھر ایسا جنم نہیں ہوتا

جلوہ گری ان کی کرتی ہے دل کشتہ
ان کے لئے مگر یہ ستم نہیں ہوتا

سورج کی روشنی لے کر چاند چمک اٹھا
سورج کی طرح مگر چاند گرم نہیں ہوتا

मिले हैं वो रक़ीब से जलाने को हमें
हमारे इश्क़ में इज़ाफ़ा ऐसे कम नहीं होता

सुनता है हमारी बातें हरीफ़ ख़ुफ़ीया तरीक़े से
कानों का वो पतला है असम नहीं होता

हम कैसे गुनाह करते हम कैसे क़ैद होते
अगर तेरी ज़ुल्फ़ का पेच-ओ-ख़म नहीं होता

शरीक-ए-ग़म नहीं होता किसी के ग़म में
जब तक ख़ुद उस को ग़म नहीं होता

ज़िंदगी मिली है जैसी मज़े उड़ा इस में
हयात का हर लम्हा बहार-ए-तबस्सुम नहीं होता

मुजरिम-Accused,Culprit. ख़ता-Mistake. अक़ीदत-Devotion. रस्म-Formality, Ordinary, Practice, Just a Ritual. जलवा-गरी-Manifestation, Splendid, Apperance. कुश्ता-Killing, Slain. सितम-Tyranny, Oppression, Injustice. रक़ीब-Rival. इज़ाफ़ा-Enhancement. हरीफ़-Rival. ख़ुफ़ीया-Secret. असम-Deaf. पेच-ओ-ख़म-Curl, Twist of Tresses. हयात-Life. तबस्सुम-Smile. ख़ुदी-Self, Ego. त्याग-Renounce. बे-ख़बर-Unaware.

ملے ہیں وہ رقیب سے جلانے کو ہمیں
ہمارے عشق میں اضافہ ایسے کم نہیں ہوتا

سنتا ہے ہماری باتیں حریف خفیہ طریقے سے
کانوں کا وہ پتلا ہے اصم نہیں ہوتا

ہم کیسے گناہ کرتے ہم کیسے قید ہوتے
اگر تیری زلف کا پیچ و خم نہیں ہوتا

شریک غم نہیں ہوتا کسی کے غم میں
جب تک خود اس کو غم نہیں ہوتا

زندگی ملی ہے جیسی مزے اڑا اس میں
حیات کا ہر لمحہ بہار تبسم نہیں ہوتا

مجرم Culprit,Accused خطا Mistake عقیدت Devotion رسم Ordinary,Formality practice just a ritual جلوہ گری Splendid appearance,Manifestation کشتہ Slain,Killing ستم Injustice, Oppression,Tyranny رقیب Rival اضافہ Excess, Surplus, Addition,Enhancement حریف Rival خفیہ Secret, Concealed, Disguised,Hidden اصم Deaf پیچ وخم Twist of tresses,Curl حیات Life تبسم Smile خودی Ego,Self تیاگ Abandon,Renounce بے خبر Ignorant,Unaware

मेरे रास्ते में शरर

मेरे रास्ते में क्यूँ हैं जलते हुए शरर होते
ऐ सबा तू होती जब बरस गए अब्र होते

हम दूर दूर रहते वहाँ जाने से करते गुरेज़
अगर जानते हम रास्ते इश्क़ के हैं पुर-ख़तर होते

अश्क निकलते हुए चश्म से थाम लिए मिज़्गाँ ने
बह जाते अगर ये तो दरिया या बहर होते

दिन-रात के सफ़र में हयात चलती है रहती
क्या फ़र्क़ पड़ता आठ की बजाए चार पहर होते

कोई इनायत न की ख़ुदा ने हम पर कभी
मेहरबाँ होता वो हम पर हम क्यूँ मुनकिर होते

میرے راستے میں شرر

میرے راستے میں کیوں ہیں جلتے ہوئے شرر ہوتے
اے صبا تو ہوتی جب برس گئے ابر ہوتے

ہم دور دور رہتے وہاں جانے سے کرتے گریز
اگر جانتے ہم راستے عشق کے ہیں پرخطر ہوتے

اشک نکلتے ہوئے چشم سے تھام لیئے مژگاں نے
بہہ جاتے اگر یہ تو دریا یا بحر ہوتے

دن رات کے سفر میں حیات چلتی ہے رہتی
کیا فرق پڑتا آٹھ کی بجائے چار پہر ہوتے

کوئی عنایت نہ کی خدا نے ہم پر کبھی
مہرباں ہوتا وہ ہم پر ہم کیوں منکر ہوتے

लगा जाते हैं मरहम भर जाने के लिए घाओ
नज़र आते नहीं हैं ज़ख़्म जो हैं मुज़्मिर होते

मर जाते उन की ख़ातिर होते वो ग़ौस हमारे
सोहबत में उन के रहते हमारे वो रहबर होते

लिखी थी पाँव में रवानी इन आबलों के साथ
उम्र गुज़ारनी थी इस तरह से कैसे हज़र होते

बे-क़रार दिल को कहाँ मिलता है सब्र-ओ-सुकूँ
क़यामत के साथ न रहते तो गर्दिश-ए-सपहर होते

शरर-Spark. सबा-Morning Breeze. अब्र-Cloud. गुरेज़-Evade. पुर-ख़तर-Dangerous. अश्क-Tear. चश्म-Eye. मिज़्गाँ-Eyelash. बहर-Ocean. हयात-Life. इनायत-Kindness,Favour. मुनकिर-Atheist,Disapprove. मुज़्मिर-Hidden. हया-Shame, Modesty. ग़ौस-One Who Comes to another rescue. सोहबत-Company. रहबर-Guide. रवानी-Going. आबलों-Blisters. हज़र- Settled.सुकूँ-Calm Place. क़यामत_Doomsday. गर्दिश-ए-सपहर-Vicissitudes of fortune.

لگا جاتے ہیں مرہم بھر جانے کے لئے گھاؤ
نظر آتے نہیں ہیں زخم جو ہیں مضمر ہوتے

مرجاتے ان کی خاطر ہوتے وہ غوث ہمارے
صحبت میں ان کے رہتے ہمارے وہ رہبر ہوتے

لکھی تھی پاؤں میں روانی ان آبلوں کے ساتھ
عمر گزرنی تھی اس طرح سے کیسے حضر ہوتے

بے قرار دل کو کہاں ملتا ہے صبر و سکوں
قیامت کے ساتھ نہ رہتے تو گردش سپہر ہوتے

شرر Spark صبا Morning breeze ابر Cloud گریز Avoid, Escape,Evade پرخطر Dangerous اشک Tear چشم Eye مژگاں Eyelash بحر Sea,Ocean حیات Life عنایت Favour,Kindness منکر Disapprove,Atheist مضمر Hidden حیا Shame, Shyness,Modesty غوث One who comes to another's rescue صحبت Company رہبر Guide, روانی Moving,Going آبلوں Blisters حضر Settled سکوں Peace,Calm قیامت Doomsday گردش سپہر Vicissitudes of fortune

रात तवील नहीं होती

अंधेरी तो होती है रात तवील नहीं होती
सुबह होते क्या दिन में तब्दील नहीं होती

चल पड़े गा तो रस्ता तय होगा
मंजिल दिखती है दूर कोसों मील नहीं होती

खड़ा रहे पानी अगर जम जाती है काही
नद्दी रवाँ रहती है ताल झील नहीं होती

हिम्मत करने से ही होता है कुछ हासिल
सर होता है मैदान जहाँ ढील नहीं होती

चाबुक नहीं मारा करते दौड़ रही घोड़ी को
चाबुक खा कर चले जो असील नहीं होती

मत उलझा कर बहसा-बहसी में किसी से
जाहिल को समझाने के लिए कोई दलील नहीं होती

رات طویل نہیں ہوتی

اندھیری تو ہوتی ہے رات طویل نہیں ہوتی
صبح ہوتے کیا دن میں تبدیل نہیں ہوتی

چل پڑے گا تو راستہ طے ہوگا
منزل دکھتی ہے دور کوسوں میل نہیں ہوتی

کھڑا رہے پانی اگر جم جاتی ہے کاہی
ندی رواں رہتی ہے تال جھیل نہیں ہوتی

ہمت کرنے سے ہی ہوتا ہے کچھ حاصل
سر ہوتا ہے میدان جہاں ڈھیل نہیں ہوتی

چابک نہیں مارا کرتے دوڑ رہی گھوڑی کو
چابک کھا کر چلے جو اصیل نہیں ہوتی

مت الجھا کر بحثا بحثی میں کسی سے
جاہل کو سمجھانے لئے کوئی دلیل نہیں ہوتی

सोच सोच कर करता है मुफ़्लिस ख़र्च अपना
नादारी किफ़ायत-शयारी होती है बख़ील नहीं होती

इश्क़ जज़्बा है ज़ंजीरों में जकड़ा नहीं जाता
भड़के हुए जज़्बे की बयाँ तफ़्सील नहीं होती

है उन को भी मोहब्बत आरज़ू जाती नहीं
तस्लीम करते हैं निगाहों से तामील नहीं होती

पैसे वाले शख़्स की होती है क़दर यहाँ
इज़्ज़त होती है उस की तज़लील नहीं होती

अपना निशान-ए-ज़िंदगी समझ नहीं पाता जो बशर
अधूरा रहता है उस की तकमील नहीं होती

तवील-Lenghty. तय-Traverse. काही-Green, Grassy Layer. रवाँ-Flowring. ताल-Pond. सर-Win. चाबुक-Whip.असील-High Born of good extraction pedigreed.जाहिल-Ignorant, Uncouth, Unlettered, Uncultured. मुफ़्लिस-Poor. नादारी-Poverty. किफ़ायत-शियार-Thrifty, Frugal. बख़ील-Miserliness, Niggardliness. बयाँ-तफ़्सील-Explaination. आरज़ू-Wish. तस्लीम-Accept, तामील-Complionce. तज़लील-Humiliation. बशर- Man.तकमील-Completion. बहसा-बहसी-Discussion.

سوچ سوچ کر کرتا ہے مفلس خرچ اپنا
ناداری کفایت شعار ہوتی ہے بخیل نہیں ہوتی

عشق جذبہ ہے زنجیروں میں جکڑا نہیں جاتا
بھڑکے ہوئے جذبے کی بیاں تفصیل نہیں ہوتی

ہے ان کو بھی محبت آرزو جاتی نہیں
تسلیم کرتے ہیں نگاہوں سے تعمیل نہیں ہوتی

پیسے والے شخص کی ہوتی ہے قدر یہاں
عزت ہوتی ہے اس کی تذلیل نہیں ہوتی

اپنا نشان زندگی سمجھ نہیں پاتا جو بشر
ادھورا رہتا ہے اس کی تکمیل نہیں ہوتی

طویل Lengthy طے Traverse کاہی Green grassy layer رواں Moving,Flowing
تال Pond سر Win چابک Whip اصیل High born of good extraction جاہل
Ignorant مفلس Poor ناداری Poverty کفایت شعار Frugal,Thrifty بخیل
Niggardliness,Miserliness بیاں تفصیل Explanation آرزو Desire,Wish تسلیم
Accept تعمیل Compliance تذلیل Humiliation طے Traverse بشر Man تکمیل
Completion بحثا بحثی Argument,Discussion

मोहब्बत गुम हो गई

मोहब्बत गुम हो गई है मोहब्बत नहीं देखी
जहाँ देखी दामन-ए-दुश्मनी देखी सदाक़त नहीं देखी

पूजा करता बरहमन देखा नमाज़ पढ़ता मुल्ला देखा
किसी के दिल में मगर अक़ीदत नहीं देखी

अर्श पे गए कुर्सी-ए-फ़लक तक हो आए
धरती भी खोदी ख़ुदा की हक़ीक़त नहीं देखी

कासा लिए फिरते हुए लोग देखे गलियों में
भीक मांगते बच्चों की ऐसी ग़ुरबत नहीं देखी

देखी है हम ने मुफ़्लिसी की अस्ल तस्वीर
बिकती हुई सदियों से जो इस्मत नहीं देखी

محبت گم ہوگئی

محبت گم ہو گئی ہے محبت نہیں دیکھی
جہاں دیکھی دامن دشمنی دیکھی صداقت نہیں دیکھی

پوجا کرتا برہمن دیکھا نماز پڑھتا مولوی دیکھا
کسی کے دل میں مگر عقیدت نہیں دیکھی

عرش میں گئے کرہ فلک تک ہو آئے
دھرتی بھی کھودی خدا کی حقیقت نہیں دیکھی

کاسہ لئے پھرتے ہوئے لوگ دیکھے گلیوں میں
بھیک مانگتے بچوں کی ایسی غربت نہیں دیکھی

دیکھی ہے ہم نے مفلسی کی اصل تصویر
بکتی ہوئی صدیوں سے جو عصمت نہیں دیکھی

मुआश की फ़िक्र में उतरे हुए चेहरे देखे
किसी की जबीं पर ज़ीनत-ए-मुसर्रत नहीं देखी

पत्थर होगा जो ग़म से मुतास्सिर नहीं होता
कौन है यहाँ जिस ने मुसीबत नहीं देखी

दुनिया में हर कोई हाजत-मंद है होता लेकिन
दौलत-मंद के लालच की हद-ए-हसरत नहीं देखी

रोने से कम नहीं होती बे-शक मुश्किलें
आज़ारी में ख़ुश रहने की अज़ीमत नहीं देखी

उल्फ़त में होता है अपना महबूब ही ग़म-ख़्वार
किसी और से होती ख़ुश तबीयत नहीं देखी

सदाक़त-Sincerity, Fidelity, Friendship. अक़ीदत-Devotion. कुर्रा-ए-फ़लक-celestial, Globe, Sphere. हक़ीक़त- Reality, Fact, Truth. कासा- Cup shaped, Shell, Begging Bowl. ग़ुरबत-Poverty, Penury. मुफ़्लिसी-Poverty, Pauperism, Indigence. इस्मत-Chastity. जबीं-Forehead.ज़ीनत-Grace, Beauty, Elegance. मुसर्रत-Joy, Delight, Pleasure, Happiness. मुतास्सिर-Affected. हाजतमंद-Needy. हद-ए-हसरत-Limited, Desire, Desire under control. आज़ारी-Tormenting, Annoying. अज़ीमत-Resolve, Determination, Intention. उल्फ़त-Love, Affection, Attachment. ग़म-ख़्वार-Comforter, Sympathiser .

معاش کی فکر میں اترے ہوئے چہرے دیکھے
کسی کی جبیں پر زینت مسرت نہیں دیکھی

پتھر ہو گا جو غم سے متاثر نہیں ہوتا
کون ہے یہاں جس نے مصیبت نہیں دیکھی

دنیا میں ہر کوئی حاجتمند ہے ہوتا لیکن
دولتمند کے لالچ کی حد حسرت نہیں دیکھی

رونے سے کم نہیں ہوتیں بے شک مشکلیں
آزاری میں خوش رہنے کی عزیمت نہیں دیکھی

الفت میں ہوتا ہے اپنا محبوب ہی غمخوار
کسی اور سے ہوتی خوش طبیعت نہیں دیکھی

صداقتsincerity fidelity friendship، عقیدتdevotion، کرہ فلکcelestial globe، sphere، حقیقتreality fact truth، کاسہcupshaped shell begging bowl، غربتpoverty penury، مفلسیpoverty pauperism indigence، عصمتchastity، جبیںforehead، زینت grace beauty elegance adornment، مسرتj o y، delight pleasure happiness، متاثرaffected afflicted، حاجتمندneedy، حدِ حسرت desire under control,limited desire، آزادیtormenting annoying، عزیمتresolve determination intention، الفتlove affection attachement، غمخوار Comforter,Sympathiser

चंद लोगों का ख़ुदा

जिसे पूजती है दुनिया चंद लोगों का ख़ुदा है
जो ग़ैरों की नहीं सुनता वो निरदिल ख़ुदा है

हम तो उस को करते हैं सजदा और दुआ
जो सब पर मेहर करता है वही अपना ख़ुदा है

आशिक़ होता है जो होता है इश्क़ में महव
इश्क़ मजाज़ी हो या हक़ीक़ी इश्क़ ही ख़ुदा है

यह मंदिर मस्जिद का झगड़ा क्यूँ है
जो तेरा ख़ुदा है वही मेरा ख़ुदा है

महव होना- Be absorbed.सजदा- Prostration निरदिल- Heartless, Callous.

چند لوگوں کا خدا

جسے پوجتی ہے دنیا چند لوگوں کا خدا ہے
جو غریبوں کی نہیں سنتا وہ نر دل خدا ہے

ہم تو اس کو کرتے ہیں سجدہ اور دعا
جو سب پر مہر کرتا ہے وہی اپنا خدا ہے

عاشق ہوتا ہے جو ہوتا ہے عشق میں محو
عشق مجازی ہو یا حقیقی عشق ہی خدا ہے

یہ مندر مسجد کا جھگڑا کیوں ہے
جو تیرا خدا ہے وہی میرا خدا ہے

محو ہونا be absorbed، سجدہ prostration، نر دل heartless callous

बढ़े चलो

बढ़े चलो बढ़े चलो अभी तो बहुत चलना है
बिगड़ी हुई तक़दीर को हम ने ही बदलना है

दैर-ओ-हरम के झगड़े में हो गए हम घायल
चाक गिरेबाँ हुआ जो उस को भी सिलना है

अभी आई हैं ख़राशें अभी ज़ख़्म होंगे कितने
अभी हमें आराम कहाँ अभी बहुत कुछ करना है

कीया है आग़ाज़ अभी अंजाम भी हम देखें गे
अभी तुख़्म बोया है अभी उसे फल लगना है

गुलशन महकने की तवक़्क़ो में नाच रहे हैं पंछी
अभी क़लमें लगाई हैं अभी फूलों ने खिलना है

بڑھے چلو

بڑھے چلو بڑھے چلو ابھی تو بہت چلنا ہے
بگڑی ہوئی تقدیر کو ہم نے ہی بدلنا ہے

دیر وحرم کے جھگڑے میں ہوگئے ہم گھائل
چاک گریباں ہوا جو اس کو بھی سلنا ہے

ابھی آئی ہیں خراشیں ابھی زخم ہوں گے کتنے
ابھی ہمیں آرام کہاں ابھی بہت کچھ کرنا ہے

کیا ہے آغاز ابھی انجام بھی ہم دیکھیں گے
ابھی تخم بویا ہے ابھی اسے پھل لگنا ہے

گلشن مہکنے کی توقع میں ناچ رہے ہیں پنچھی
ابھی قلمیں لگائی ہیں ابھی پھولوں نے کھلنا ہے

धुआँ निकलने लगा है जब आग भी भड़के गी
अभी तो चिंगारी चमकी है अभी शोला जलना है

क़दम जो गाम-ज़न रहते हैं मंज़िल तक जाते हैं
चश्मा दरीया बन कर सागर से जा मिलना है

जीना है गर शान से दुश्वारियों से मत डरो
ज़ीस्त गर उजली नहीं इस को ज़िया करना है

सूरज के सामने आ गई है अगर बदली
कुछ देर का ये मंज़र है आफ़ताब निकलना है

दैर-ओ-हरमTemple, Kaaba Sanctuary of muslims. चाक-Slit Cut. गिरेबाँ-Garment. ख़राशें-Scratches. आग़ाज़-Start. अंजाम-Result. तुख़्म-Seed. तवक़्क़ो- Expectation. क़लम लगाना-Grafting. गाम-ज़न-Marching on. चश्मा- Spring.ज़िस्त-Life. उजली-Radiant Splan. ज़िया-Shining. मंज़र-View.आफ़ताब-Sun.

دھواں نکلنے لگا ہے جب آگ بھی بھڑکے گی
ابھی تو چنگاری چمکی ہے ابھی شعلہ جلنا ہے

قدم جو گامزن رہتے ہیں منزل تک جاتے ہیں
چشمہ دریا بن کر ساگر سے جا ملنا ہے

جینا ہے گر شان سے دشواریوں سے مت ڈرو
زیست گر اجلی نہیں اس کو ضیا کرنا ہے

سورج کے سامنے آگئی ہے اگر بدلی
کچھ دیر کا یہ منظر ہے آفتاب نکلنا ہے

دیر Monastry,Temple حرم Muslim religious sanctuary، چاک slit cut، گریباں garment، خراشیں scratches، آغاز start، انجام result، تخم seed، توقع expectation، قلم لگانا grafting، گامزن marching on، چشمہ spring، زیست life، اجلی Splendid,Radiant، ضیاء: shinning، منظر view:، آفتاب:sun

आँखें भीगी होती गईं

अपना सर उन के क़दमों में धर जाएँ
मिल जाएं हम को तो सजदा कर जाएँ

आँखें भीगी होती गईं अश्क गिरते चले गए
फ़ुरक़त में जीने से अच्छा है मर जाएँ

दिल की आदत है मोहब्बत में मुब्तला होना
अमानत जिस की समझता है हवाले कर जाएँ

कोई तदबीर नहीं बनती कहीं आराम नहीं मिलता
क्यूँ मौत से घबराएं हम या डर जाएँ

मौत ने भी तो हम को मारना है
क्यूँ न ये काम हम ख़ुद कर जाएँ

बे-रहम ख़ुदा ने भी कोई चारा न कीया
बेज़ार दिल को ले कर कैसे घर जाएँ

तुम को हक़ है जिधर चाहो चले जाओ
हम हिजरत भी करें तू बता किधर जाएँ

एक अर्ज़ है दिल-ए-ज़ार की तेरे आगे
मेरे जनाज़े को तू उठाए जब मर जाएँ

सजदा-Prostration. अश्क-Tear. फुर्क़त-Sepration. मुब्तला-Involved.चारा-Remedy बेज़ार-Disgusted.हिजरत-Migration.

آنکھیں بھیگی ہوتی گئیں

اپنا سر ان کے قدموں میں دھر جائیں
مل جائیں ہم کو تو سجدہ کر جائیں

آنکھیں بھیگی ہوتی گئیں اشک گرتے چلے گئے
فرقت میں جینے سے اچھا ہے مرجائیں

دل کی عادت ہے محبت میں مبتلا ہونا
امانت جس کی سمجھتا ہے حوالے کر جائیں

کوئی تدبیر نہیں بنتی کہیں آرام نہیں ملتا
کیوں موت سے گھبرائیں ہم یا ڈر جائیں

موت نے بھی تو ہم کو مارنا ہے
کیوں نہ یہ کام ہم خود کر جائیں

بے رحم خدا نے بھی کوئی چارہ نہ کیا
بےزار دل کو لے کر کیسے گھر جائیں

تم کو حق ہے جدھر چاہو چلے جاؤ
ہم ہجرت بھی کریں تو بتا کدھر جائیں

ایک عرض ہے دل زار کی تیرے آگے
میرے جنازے کو تو اٹھائے جب مر جائیں

سجدہ prostration، اشک tear، فرقت separation، مبتلا involved، چارہ Remedy، بےزار disgusted، ہجرت migration

ख़ुदा हुस्न न देता

ख़ुदा उन को हुस्न न देता या मुझे नज़र नहीं देता
वो मेरे रु-ब-रु न होते या मुझे ख़बर नहीं देता

क़लम कर देता जो सर तो न रहता गर्दन पर
कारी ज़ख़्म देता है वो जो बेदादगर नहीं देता

तड़पते दिल से उठता दर्द जाता नहीं आसानी से
गुमाँ देता उन को तो मुझ को फ़ख़्र नहीं देता

अदाएं उन की देख कर मर जाते हैं राह जाते
इतराए फिरते हैं वो ख़ुदा उन को सब्र नहीं देता

सितम भी ढाते जाते हैं मगर पता लगने नहीं देते
जब्र करते रहते हैं वो जिन को महर नहीं देता

خدا حسن نہ دیتا

خدا ان کو حسن نہ دیتا یا مجھے نظر نہیں دیتا
وہ میرے روبرو نہ ہوتے یا مجھے خبر نہیں دیتا

قلم کر دیتا جو سر تو نہ رہتا گردن پر
کاری زخم دیتا ہے وہ جو بے داد گر نہیں دیتا

تڑپتے دل سے اٹھتا درد جاتا نہیں آسانی سے
گماں دیتا ان کو تو مجھ کو فخر نہیں دیتا

ادائیں ان کی دیکھ کر مر جاتے ہیں راہ جاتے
اترائے پھرتے ہیں وہ خدا ان کو صبر نہیں دیتا

ستم بھی ڈھاتے جاتے ہیں مگر پتہ لگنے نہیں دیتے
جبر کرتے رہتے ہیں وہ جن کو مہر نہیں دیتا

उन को पाने की तमन्ना में मर रहे हैं हम
पी कर ज़हर मर जाते मगर वो ज़हर नहीं देता

कैसा लेहजा है उस का कैसा मिज़ाज वा कैसा शौक़
वो ज़ख़्म ऐसे देता है जो अदू-ए-लश्कर नहीं देता

जीने की तमन्ना रखता है मरना इंसान नहीं चाहता
मौत का वक़्त मगर बना रहता है ख़बर नहीं देता

तड़प कर जीते रहने से क्यूँ न मर ही जाएँ
जान डाल देता है ख़ुदा जिंदगी मगर नहीं देता

कठिन राहों से भी गुज़रना पड़ता है अकेले ही
मशक़्क़त मिलती है जो ज़िंदगी में हश्र नहीं देता

रु-ब-रु-Face to Face. सर क़लम करना-Behead. कारी ज़ख़्म-Mortal, Wound, Fatal Blow. बेदादगर-Tyrannous. गुमाँ- Pride, Vanity. फ़ख़्र-Pride. इतराए –Be strat, Be arrogant.अदू-Foe, Enemy. लश्कर-Army. मशक़्क़त-Hard work. हश्र-Doomsday.

ان کو پانے کی تمنا میں مر رہے ہیں ہم
پی کر زہر مر جاتے مگر وہ زہر نہیں دیتا

کیسا لہجہ ہے اس کا کیسا مزاج و کیسا شوق
وہ زخم ایسے دیتا ہے جو عدوئے لشکر نہیں دیتا

جینے کی تمنا رکھتا ہے مرنا انساں نہیں چاہتا
موت کا وقت مگر بنا رہتا ہے خبر نہیں دیتا

تڑپ کر جیتے رہنے سے کیوں نہ مر ہی جائیں
جان ڈال دیتا ہے خدا زندگی مگر نہیں دیتا

کھٹن راہوں سے بھی گزرنا پڑتا ہے اکیلے ہی
مشقت ملتی ہے جو زندگی میں حشر نہیں دیتا

روبرو face to face stand in front، سرقلم کرنا behead، کاری زخم mortal wound fatal blow، بےدادگر tyrannous، گماں pride vanity، فخر pride، اترائے be strut be arrogant، عدو foe enemy، لشکر army، مشقت hard work، حشر doomsday

न आता दिल किसी पर

न आता दिल किसी पर न वो फ़िदा होता
तन्हा ही रहता अगर किसी से न जुदा होता

जी करता है जो करने को वो नहीं हो पाता
जो चाहता अगर हो पाता तो वो ख़ुदा होता

सोच लेता अगर इंसान तो वो न ख़ता करता
न करता तो न होता न वो बुरा होता

जो भी आता है यहाँ जाना होगा उस को
आरज़ी है सब कुछ यहाँ कुछ नहीं सदा होता

दुनिया है ऐसी मोह लेती है इंसान को
निकाल पाता नहीं दिल से जो है बसा होता

نہ آتا دل کسی پر

نہ آتا دل کسی پر نہ وہ فدا ہوتا
تنہا ہی رہتا اگر کسی سے نہ جدا ہوتا

جی کرتا ہے جو کرنے کو وہ نہیں ہو پاتا
جو چاہتا اگر ہو پاتا تو وہ خدا ہوتا

سوچ لیتا اگر انساں تو وہ نہ خطا کرتا
نہ کرتا تو نہ ہوتا نہ وہ براہو تا

جو بھی آتا ہے یہاں جانا ہوگا اس کو
عارضی ہے سب کچھ یہاں کچھ نہیں سدا ہوتا

دنیا ہے ایسی موہ لیتی ہے انساں کو
نکل پاتا نہیں دل میں جو ہے بسا ہوتا

इश्क़ होता है मीठा लगता है बहुत अच्छा
मीठी इस छुरी से मगर दिल है कुश्ता होता

उन की ख़ामोशी सज़ा-ए-मौत से साबित हुई कारी
बेहतर होता उस से अगर हमारा क़त्ल हुआ होता

ख़ता-कार दुनिया में ख़ुदा के सिवा हैं सब होते
नाम होता अपना भी अगर कुछ अच्छा कीया होता

ताल्लुक़ रहता है दुनिया से जब तक है दम
अगर मैं न होता तू न होता क्या होता

फ़िदा-Sacrifice, Dying for Devoted to. तन्हा-Alone, Lonely. आर्ज़ी-Temporary, Transitory. मोह-Allure, Fasinatae, Captivate, Charm, Love. कुश्ता- Killed, Slain. ख़ता-कार-Guilty, Culprit. कारी-Fatal.

عشق ہوتا ہے میٹھا لگتا ہے بہت اچھا
میٹھی اس چھری سے مگر دل ہے کشتہ ہوتا

ان کی خاموشی سزائے موت سے ثابت ہوئی کاری
بہتر ہو تا اس سے اگر ہمارا قتل ہوا ہوتا

خطا کار دنیا میں خدا کے سوا ہیں سب ہوتے
نام ہوتا اپنا بھی اگر کچھ اچھا کیا ہوتا

تعلق رہتا ہے دنیا سے جب تک ہے دم
اگر میں نہ ہوتا تو نہ ہوتا کیا ہوتا

---

error mistake faultخطا،alone lonelyتنہا،sacrifice dying for devoted toفدا
allure fascinate captivate charmموہ،temporary transitoryعارضی،guilt
Fatalکاری،guilty culpritخطا کار،killed slainکشتہ،love

गुल लगे हैं खिलने

गुल लगे हैं खिलने उन की महक आने दो
ताज़गी रहे गी तुझ में हवा को आने दो

दरिचे बंद क्यूँ करते हो अँधेरा हो जाए गा
दरों को खुला रहने दो रौशनी को आने दो

दिल आशना क्यूँ हो गया है वही जाने
इश्क़ का आग़ाज़ हुआ है अंजाम को आने दो

ज़िंदगी है जब तक ख़ूब उस को जियो तुम
मौत ने जब आना है उस को आने दो

खेल तमाशा है दुनिया रुक नहीं कोई पाता यहाँ
जाता है जो जाने दो आता है आने दो

گل لگے ہیں کھلنے

گل لگے ہیں کھلنے ان کی مہک آنے دو
تازگی رہے گی تجھ میں ہوا کو آنے دو

دریچے بند کیوں کرتے ہو اندھیرا ہو جائے گا
دروں کو کھلا رہنے دو روشنی کو آنے دو

دل آشنا کیوں ہو گیا ہے وہ ہی جانے
عشق کا آغاز ہوا ہے انجام کو آنے دو

زندگی ہے جب تک خوب اس کو جیو تم
موت نے جب آنا ہے اس کو آنے دو

کھیل تماشا ہے دنیا رک نہیں کوئی پاتا یہاں
جاتا ہے جوجانے دو آتا ہے آنے دو

वस्ल होगा जहाँ हिज्र भी तो होगा
धूप छाओं में ज़िंदगी को तुम गुज़र जाने दो

होना है जो भी वो हो के है रहना
छूट जाना है यह जहाँ इसे छूट जाने दो

किसी की याद उमड़ रही है ना-शकेब दिल में
नम हो रही हैं आँखें आँसू टपक जाने दो

ख़ुदा ने नहीं बाँटा कुछ सब के लिए था रखा
भूके पेट जो रहते हैं उन को भी दाने दो

गुल-Flower दरिचे-Window. दरों -Doors आशना-Acquaintance, paramour. आग़ाज़-Beginning. अंजाम-Result वस्ल-Uniting. हिज्र-Separation. ना-शकेब-Restless. नम- Moist.

وصل ہو گا جہاں ہجر بھی تو ہوگا
دھوپ چھاؤں میں زندگی کو تم گزر جانے دو

ہونا ہے جو بھی وہ ہو کے ہے رہنا
چھوٹ جانا ہے یہ جہاں اسے چھوٹ جانے دو

کسی کی یاد اُمڈ رہی ہے نا شکیب دل میں
نم ہو رہی ہیں آنکھیں آنسو ٹپک جانے دو

خدا نے نہیں بانٹا کچھ سب کے لئے تھا رکھا
بھوکے پیٹ جو رہتے ہیں ان کو بھی دانے دو

گل flower، دریچے windows، دروں doors، آشنا paramour acquaintance، آغاز beginning start، انجام result، وصل uniting، ناشکیب restless، نم moist

शाहीन का आशियाँ नहीं होता

किसी शाख़ पर शाहीन का आशियाँ नहीं होता
दश्त में गुबार होता है गुलिस्ताँ नहीं होता

छोड़ कर जाता भी नहीं पास रहता भी नहीं
मेज़बाँ तो होता है मगर मेहरबाँ नहीं होता

हम ने चाहा फेंक आएं जा कर जिगर
मगर ये ऐसा ज़िद्दी है गामज़ाँ नहीं होता

घुलने लगी है आँखों में काजल की सियाही
हिज्र में ज़िंदा रहना भी आसाँ नहीं होता

कहाँ जाए कोई कहाँ से उस को ढूंढे
जिस का कोई भी पाए निशाँ नहीं होता

شاہیں کا آشیاں نہیں ہوتا

کسی شاخ پر شاہیں کا آشیاں نہیں ہوتا
دشت میں غبار ہوتا ہے گلستاں نہیں ہوتا

چھوڑ کر جاتا نہیں پاس رہتا بھی نہیں
میزباں تو ہوتا ہے مگر مہرباں نہیں ہوتا

ہم نے چاہا چھینک آئیں جاکر جگر
مگر یہ ایسا ضدی ہے گامزاں نہیں ہوتا

گھلنے لگی ہے آنکھوں میں کاجل کی سیاہی
ہجر میں زندہ رہنا بھی آساں نہیں ہوتا

کہاں جائے کوئی کہاں سے اس کو ڈھونڈے
جس کا کوئی بھی پائے نشاں نہیں ہوتا

समा गया है दिल में उस का दर्द
अब दर्द-ए-दिल के बग़ैर इत्मिनान नहीं होता

तन्हा चलना पड़ता है मंजिल की तलाश में
उम्र-ए-सफ़र में जब कोई कारवाँ नहीं होता

बयाबाँ अपने ही घर हम कैसे देख पाते
तेरी जुदाई में अगर दिल वीराँ नहीं होता

अपनों को छोड़ कर न कर ग़ैरों से दोस्ती
कर देता है वो क़ुरबान ख़ुद क़ुरबान नहीं होता

जराहत दे कर ख़ुश होता है लेता है मज़ा
वो क्या निभाएगा मोहब्बत जो यक जाँ नहीं होता

शाख़-Bough, Branch. शाहीन-Falcon, Hawk. आशियाँ-Nest. दश्त-Desert. गुबार-Cloud of dust. गुलिस्ताँ- Garden मेज़बाँ-Host. गामज़ाँ-Moving. हिज्र-Sepration. पाए निशाँ-Foot Print. इत्मिनान-Satisfaction. कारवाँ-Caravan.तन्हा-Alone. जराहत-wound.यक-जाँ- Being one.

سما گیا ہے دل میں اس کا درد
اب درد دل کے بغیر اطمینان نہیں ہوتا

تنہا چلنا پڑتا ہے منزل کی تلاش میں
عمر سفر میں جب کوئی کارواں نہیں ہوتا

بیاباں اپنے ہی گھر ہم کیسے دیکھ پاتے
تیری جدائی میں اگر دل ویراں نہیں ہوتا

اپنوں کو چھوڑ کر نہ کر غیروں سے دوستی
کردیتا ہے وہ قرباں خود قرباں نہیں ہوتا

جراحت دے کر خوش ہوتا ہے لیتا ہے مزا
وہ کیا نبھائے گا محبت جو یک جاں نہیں ہوتا

شاخ bough branch، شاہیں falcon hawk، آشیاں nest، دشت desert، غبار cloud of dust، گلستاں garden، میزباں host، گامزاں moving ہجر separation، پائے نشاں footprint، اطمینان satisfaction، تنہا alone، کارواں caravan، جراحت wound، یک جاں being one

करम देखता है ख़ुदा

करम देखता है ख़ुदा नाम मज़हब मगर नहीं
तस्बीह फेर लेने से होता बुलंद नज़र नहीं

ख़ुदा की हक़ीक़त को पहचान सकता नहीं इंसाँ
कुफ़्र और ईमान की वाइज़ को ख़बर नहीं

मस्जिद के बाहर क्या वो ख़ुदा नहीं रहता
ऐसी कोई है जगह जहाँ ख़ुदा हाज़िर नहीं

काफ़िर को भी ज़िंदगी दी है ख़ुदा ने
शराब पी लेने से हो जाता काफ़िर नहीं

बाग़-ए-बहिश्त से जब निकाल दिया है बाहर
रहो कहीं भी फिर ख़ुदा का डर नहीं

کرم دیکھتا ہے خدا

کرم دیکھتا ہے خدا نام مذہب مگر نہیں
تسبیح پھیر لینے سے ہوتا بلند نظر نہیں

خدا کی حقیقت کو پہچان سکتا نہیں انساں
کفر اور ایماں کی واعظ کو خبر نہیں

مسجد کے باہر کیا وہ خدا نہیں رہتا
ایسی کوئی ہے جگہ جہاں خدا حاضر نہیں

کافر کو بھی زندگی دی ہے خدا نے
شراب پی لینے سے ہو جاتا کافر نہیں

باغِ بہشت سے جب نکال دیا ہے باہر
رہو کہیں بھی پھر خدا کا ڈر نہیں

ज़िंदगी जो मिली हम को राएगाँ हो चली
सब ख़्वाहिशें दिल में रहीं कुछ मयस्सर नहीं

धो दिए हैं उस ने दिल के तमाम ग़म
नाले चश्म से हैं जो बहे बे असर नहीं

देख कर दंग हुए थे जिस ख़राम को
उम्र गई रनाई गई अब वो महशर नहीं

न कुरेद राख इश्क़ की अभी है गर्म
फट गया आतिश-फ़शाँ तो तेरी ख़ैर नहीं

तस्बीह-Rosary. बुलंद नज़र-Noble Minded. हक़ीक़त- Reality. कुफ़्र-Infindelity, Blasphemy. वाइज़-Religious Preacher. काफ़िर-Infidel. बाग़-ए-बहिश्त-Garden of Paradise. मयस्सर-Available. नाले-चश्म-River of Tears, lamentations. दंग-Astonish. ख़राम-Gait, Walk. रनाई-Grace, Cuteness in the sweet heart gait. महशर-Elegant, Commotion आतिश-फ़शाँ-Fire, spitting.ख़ैर- Safety. रएगां- Waste.

زندگی جو ملی ہم کو رائیگاں ہو چلی
سب خواہشیں دل میں رہیں کچھ میسر نہیں

دھو دیئے ہیں اس نے دل کے تمام غم
نالے چشم سے ہیں جو بہے بے اثر نہیں

دیکھ کر دنگ ہوئے جس خرام کو
عمر گئی رعنائی گئی اب وہ محشر نہیں

نہ کرید راکھ عشق کی ابھی ہے گرم
پھٹ گیا آتش فشاں تو تیری خیر نہیں

تسبیح rosary، بلند نظر noble minded، حقیقت reality، کفر infidelity، واعظ religious preacher، باغ بہشت garden of paradise، رائیگاں vain waste، میسر available، نالے rivers of tears lamentations، چشم eye، دنگ astonish، خرام gait walk، رعنائی grace cuteness، محشر elegance آتش فشاں fire spitting، خیر safety

मेरी मंजिल तू है

मेरी मंजिल तु है हर राह तेरी सू निकले
मेरा ख़ुदा तू है दिल से क्यूँ तू निकले

तेरा दर्द ही मुझ को अब जिंदा है रखता
न दर्द जाए दिल से न कभी तू निकले

तुझे सलाम करने तेरी राह-गुज़र में जाऊँ
वो राह मुतबर्रिक हो जाए जहाँ से तू निकले

मैं चला जाऊँ तेरे कूचे से अगर तू चाहे
तेरा दीद ब-शर्त हो जाए सामने से तू निकले

क़यामत से जूझ रहे हैं जब से देखा तुझे
क़यामत ले जाए हमें अगर क़यामत तू निकले

ख़ूँनबा कर जाए जान भी अगर ले जाए
जाता नहीं है इश्क़ दिल चीरने से तू निकले

चश्म तर होने से कैसे रुक पाए गी अगर
दिल से ख़यालों से यादों से न तू निकले

सू-Direction. सलाम-Salutation. मुतबर्रिक-Holy. कूचे-Street. दीद-seeing. ब-शर्त-Provided, if on the condition. क़यामत- Doomsday. ख़ूँनबा-Tears of blood. चश्म तर – Moist eye .

میری منزل تو ہے

میری منزل تو ہے ہر راہ تیری سو نکلے
میرا خدا تو ہے دل سے کیوں تو نکلے

تیرا درد ہی مجھ کو اب زندہ ہے رکھتا
نہ درد جائے دل سے نہ کبھی تو نکلے

تجھے سلام کرنے کو تیری رہگزر میں جاؤں
وہ راہ متبرک ہو جائے جہاں سے تو نکلے

میں چلا جاؤں تیرے کوچے سے اگر تو چاہے
تیرا دید بشرط ہو جائے سامنے سے تو نکلے

قیامت سے جوجھ رہے ہیں جب سے دیکھا تجھے
قیامت لے جائے ہمیں اگر قیامت تو نکلے

خونابہ کر جائے جان بھی اگر لے جائے
جاتا نہیں ہے عشق دل چیرنے سے تو نکلے

چشم تر ہونے سے کیسے رک پائے گی اگر
دل سے خیالوں سے یادوں سے نہ تو نکلے

سو direction، سلام salutation، متبرک holy، کوچے street، دید seeing، بشرط provided، قیامت doomsday، خونابہ tears of blood، چشم تر Moist eye

कारवाँ रुख़ किधर करे

कारवाँ रुख़ किधर करे जिस का रहबर न हो
इंतिज़ार करे किस का अगर कोई मुंतज़िर न हो

बे-मकान क्यूँ न रहे बयाबाँ में जा कर
अगर शहर में अजनबी हो कोई घर न हो

आग उन को लगी थी मुझे लग गई कैसे
बरसात नहीं होती अगर आसमाँ पर अब्र न हो

ताक़ खुले रख कर जागते रहते हो रात भर
उम्मीद जाती नहीं गो आने की ख़बर न हो

मरने पर भी पाबंदी हो जिस आलम-ए-दुनिया में
ज़िंदगी जी लेता है गो ख़ुश-नुमा बसर न हो

کارواں رخ کدھر کرے

کارواں رخ کدھر کرے جس کا رہبر نہ ہو
انتظار کرے کس کا اگر کوئی منتظر نہ ہو

بے مکاں کیوں نہ رہے بیاباں میں جاکر
اگر شہر میں اجنبی ہو کوئی گھر نہ ہو

آگ ان کو لگی تھی مجھے لگ گئی کیسے
برسات نہیں ہوتی اگر آسماں پر ابر نہ ہو

طاق کھلے رکھ کر جاگتے رہتے ہو رات بھر
امید جاتی نہیں گو آنے کی خبر نہ ہو

مرنے پر بھی پابندی ہو جس عالم دنیا میں
زندگی جی لیتا ہے گو خوشنما بسر نہ ہو

कोई दरीचा होता अगर तो हम झांक भी लेते
खुल पाए ही ना जो संग-ए-दर न हो

तही ज़िंदगी में कौन है जो साथ चलता है
तवील हयात-ए-सफ़र में अगर कोई हम-सफ़र न हो

उस ने रुसवाई की भी तो इस क़दर शदीद
कहने लगा मेरी क़ब्र के क़रीब तेरी क़ब्र न हो

न दोज़ख़ की फ़िक्र है न जन्नत की तलब
वो ज़िंदगी नहीं जिस में तुलू-ए-सहर न हो

सरफ़रोश मैदान में उतरा मन में तहय्या कर के
सर कंधों पर न हो अगर मैदान सर न हो

कारवाँ-caravan. रुख़-turn. Direction. रहबर-Guid. मुंतज़िर-Awaiting. बे-मकान-Homeless. अब्र-Cloud ताक़-Door. गो-although. आलम-world. बसर-Spend. दरीचा-Window.संग-Stone.दर-Door. तही-Empty. तवील-Lengthy. हयात-Life. रुसवाई-Detestation , Displeasure, Opprobrium. शदीद-Intense.दोज़ख़-Hell. जन्नत-Paradise. तलब-Seek. तुलू-ए-सहर-Day Break.सरफ़रोश-Person Sacrificing. Ready to be Beheaded.तहय्या-Redyness, Determination. सर-Head, कंधों-Shoulders.सर करना-Conquer, Victory. Win.

کوئی دریچہ ہوتا اگرتو ہم جھانک بھی لیتے
کھل پائے ہی نہ جو سنگ در نہ ہو

تہی زندگی میں کون ہے جو ساتھ چلتا ہے
طویل حیات سفر میں اگر کوئی ہمسفر نہ ہو

اس نے رسوائی کی بھی تو اس قدر شدید
کہنے لگا میری قبر کے قریب تیری قبر نہ ہو

نہ دوزخ کی فکر ہے نہ جنت کی طلب
وہ زندگی نہیں جس میں طلوع سحر نہ ہو

سرفروش میداں میں اترا من میں تہیہ کر کے
سر کاندھوں پر نہ ہواگر میدان سر نہ ہو

کارواں caravan، رخ direction turn، رہبر guide، منتظر awaiting، بے مکاں homeless،ابر cloud،طاق door، گو although، عالم world، بسر spend،دریچہ window،سنگ stone،در door،تہی empty، طویل lenghty،حیات life،رسوائی opprobrium، شدید intense،دوزخ hell،جنت paradise،طلب seek،طلوع سحر d a y break

बिछड़ कर जा रही हो

क्यूँ इतना चिपकती जा रही हो मुझ से
क्या बिछड़ कर जा रही हो मुझ से

तुम ख़ामोश हो रोए जा रही हो क्यूँ
तुम कुछ तो छिपा रही हो मुझ से

मैं भी तुम से कुछ कहना हूँ चाहता
मगर बात नहीं हो पा रही है मुझ से

मुश्किल लगती है गुज़ारनी फ़ुरक़त में हयात
मेरी ज़िंदगी लिए जा रही हो मुझ से

एक ही ज़िंदगी मिलती है हर किसी को
मता-ए-जाँ छीनी जा रही हो मुझ से

بچھڑ کر جا رہی ہو

کیوں اتنا چپکتی جا رہی ہو مجھ سے
کیا بچھڑ کر جا رہی ہو مجھ سے

تم خاموش ہو روئے جا رہی ہو کیوں
تم کچھ تو چھپا رہی ہو مجھ سے

میں بھی تم سے کچھ کہنا ہوں چاہتا
مگر بات نہیں ہو پا رہی مجھ سے

مشکل لگتی ہے گزارنی فرقت میں حیات
میری زندگی لئے جارہی ہو مجھ سے

ایک ہی زندگی ملتی ہے ہر کسی کو
متاع جاں چھینی جا رہی ہو مجھ سے

तुम ज़माने के डर से नहीं आती क़रीब
बे-वजह जुदा होती जा रही हो मुझ से

वो दिल नहीं जिसे किसी का इंतिज़ार नहीं
वो इंतिज़ार ख़त्म किए जा रही हो मुझ से

इक दर्द संभाल रखा है तेरे इश्क़ का
ये दर्द लिए जा रही हो मुझ से

तीरगी छाई रहती है अब तो मुझ पर
रौशनी जैसे रूठती जा रही हो मुझ से

तेरे आने की उम्मीद में जी लेता था
वो उम्मीद तोड़े जा रही हो मुझ से

फ़ुरक़त-Separation. हयात-Life. मता-Possession, Asset . बे-वजह-Without Reason. तीरगी-Darkness.

تم زمانے کے ڈر سے نہیں آتی قریب
بے وجہ جدا ہوتی جا رہی ہو مجھ سے

وہ دل نہیں جسے کسی کا انتظار نہیں
وہ انتظار ختم کئے جا رہی ہو مجھ سے

اِک درد سنبھال رکھا ہے تیرے عشق کا
یہ درد لئے جا رہی ہو مجھ سے

تیرگی چھائی رہتی ہے اب تو مجھ پر
روشنی جیسے روٹھتی جا رہی ہو مجھ سے

تیرے آنے کی امید میں جی لیتا تھا
وہ امید توڑے جا رہی ہو مجھ سے

فرقت separation، حیات life، متاع Asset,possession ، بے وجہ without reason
تیرگی darkness

इंतिज़ार

सूली पर लटकने जैसा होता है इंतिज़ार होता
मौत से बदतर होता है जब इंतिज़ार होता

अरमान ही रहा कोई हमारा भी तलबगार होता
कोई हमें भी चाहता हमारा भी इंतिज़ार होता

रात होती या दिन हर वक़्त इंतिज़ार होता
वो हमारा इंतिज़ार करते हमें उन का इंतिज़ार होता

जिंदा हैं हम अभी तक उन के इंतिज़ार में
वर्ना कब के मर जाते अगर न इंतिज़ार होता

कुछ कह कर जाता हम से ज़बाँ शनास होता
हम को पता होता तो न इंतिज़ार होता

انتظار

سولی پر لٹکنے جیسا ہوتا ہے انتظار ہوتا
موت سے بدتر ہوتا ہے جب انتظار ہوتا

ارماں ہی رہا کوئی ہمارا بھی طلبگار ہوتا
کوئی ہمیں بھی چاہتا ہمارا بھی انتظار ہوتا

رات ہوتی یا دن ہر وقت انتظار ہوتا
وہ ہمارا انتظار کرتے ہمیں ان کا انتظار ہوتا

زندہ ہیں ہم ابھی تک ان کے انتظار میں
ورنہ کب کے مر جاتے اگر نہ انتظار ہوتا

کچھ کہہ کر جاتا ہم سے زباں شناس ہوتا
ہم کو پتہ ہوتا تو نہ انتظار ہوتا

इंतिज़ार में ही गुज़र जाए गी शायद ज़िंदगी
वो आता नहीं जिस का है इंतिज़ार होता

तुम को उस मक़ाम पर बिछड़ने की सूझी
जिस मक़ाम पर था हम को इंतिज़ार होता

अब्र-ए-बाराँ आई बरस कर चली गई
हर मौसम में था उन का इंतिज़ार होता

तुम खो भी जाते अगर इस ज़िंदगी में
आने वाली ज़िंदगी में तेरा ही इंतिज़ार होता

क़ज़ा आए अगर हम को ले जाने को
क्यूँ जाएं हम जब तेरा है इंतिज़ार होता

बद-तर-Worse. तलबगार-Seeker. ज़बाँ-शनास-Speak out. मक़ाम-Place. अब्र-ए-बाराँ-Rain Cloud. क़ज़ा-Death.

انتظار میں ہی گزر جائے گی شاید یہ زندگی
وہ آتا نہیں جس کا ہے انتظار ہوتا

تم کو اس مقام پر بچھڑنے کی سوجھی
جس مقام پر تھا ہم کو انتظار ہوتا

ابر باراں آئی برس کر چلی گئی
ہر موسم میں تھا ان کا انتظار ہوتا

تم کھو بھی جاتے اگر اس زندگی میں
آنے والی زندگی میں تیرا ہی انتظار ہوتا

قضا آئے اگر ہم کو لے جانے کو
کیوں جائیں ہم جب تیرا ہے انتظار ہوتا

بدتر worse، طلبگار seeker، زباں شناس speakout، مقام place، ابر باراں rainclouds، قضا death

तास्सुब ने किया तक़्सीम इन्सान

गाँव में था अपना घर
रहते थे हम रल-मिल कर

छा गया एक दिन ऐसा क़हर
दिलों में ख़ौफ़ आँखों में डर

जब से एलान हुआ तक़्सीम का
लोगों में गया ज़हर भर

तक़्सीम हो गए लोग भी सब
रहे सदियों जो एक हो कर

आग ज़नी में आ गए घर
उड रहे थे शोले शरर

तलवारें लटक रही थीं सर पर
लोग भाग रहे थे इधर उधर

تعصب نے کیا تقسیم انسان

گاؤں میں تھا اپنا گھر
رہتے تھے ہم رل مل کر

چھا گیا ایک دن ایسا قہر
دلوں میں خوف آنکھوں میں ڈر

جب سے اعلان ہوا تقسیم کا
لوگوں میں گیا زہر بھر

تقسیم ہو گئے لوگ بھی سب
رہے صدیوں جو ایک ہو کر

آگ زنی میں آ گئے گھر
اڑ رہے تھے شعلے شرر

تلواریں لٹک رہی تھی سر پر
لوگ بھاگ رہے تھے ادھر ادھر

बच गए कुछ छिप कर
जो सामने आए गए मर

ख़ुदा को भूल गए सब
तास्सुब के लग कर लड़

हिजरत करने को मजबूर हुए
छोड़ कर वो अपने घर

बचाने को जिस्म-ओ-जाँ और सर
टूट पड़ा जो इन पर जब्र

आ कर हम नए शहर
बनाना चाहा फिर से घर

माल असबाब छिपाने को सर
सब को चाहिए कोई दर

बुनियाद के लिए जो खोदी ज़मीं
हड्डियाँ पड़ी वहाँ भी मिलीं

चीख़ें सुनाई मुझ को दीं
आँखों में आ गई नमी

بچ گئے کچھ چھپ کر
جو سامنے آئے گئے مر

خدا کو بھول گئے سب
تعصب کے لگ کر لڑ

ہجرت کرنے کو مجبور ہوئے
چھوڑ کر وہ اپنے گھر

بچانے کو جسم و جاں اور سر
ٹوٹ پڑا جو ان پر جبر

آ کر ہم نئے شہر
بنانا چاہا پھر سے گھر

مال اسباب چھپانے کو سر
سب کو چاہیئے کوئی در

بنیاد کے لئے کھودی جو زمیں
ہڈیاں پڑیں وہیں بھی ملیں

چیخیں سنائی مجھ کو دیں
آنکھوں میں آگئی نمی

याद आया वो गाँव का घर
हिजरत करने का वो मंज़र

लोग जहाँ रहे थे मर
ख़ूँ के दरिया आए नज़र

वहशी हो जाए बशर अगर
कैसे होगी ज़िंदगी बसर

जिस महोल से रहे हैं गुज़र
फिर होंगे क्या दर-ब-दर

इस ख़याल के मद्द-ए-नज़र
मैं ने बनाया ना नया घर

इंसान की नहीं यहाँ क़द्र
जाना है उस ने उजड़

ख़ून बहाता है जो इंसान का
ऐसे मज़हब से मैं हूँ मुनकिर

आग-ज़नी-Arson. शरार-Spark. तास्सुब-Bigotry. हिजरत-Migration. नमी-Moisture. मंज़र-Scene. बशर-Man. बसर-Spend.मुनकिर-Disapprove मद-ए-नज़र-In view of.आतिश-ज़दगी-Fire , Conflagration

یاد آیا وہ گاؤں کا گھر
ہجرت کرنے کا وہ منظر

لوگ جہاں رہے تھے مر
خوں کے دریا آئے نظر

وحشی ہو جائے بشر اگر
کیسے ہوگی زندگی بسر

جس ماحول سے رہے ہیں گزر
پھر ہوں گے کیا در بدر

اس خیال کے مد نظر
میں نے بنایا نہ نیا گھر

انساں کی نہیں یہاں قدر
جانا ہے اس نے اجڑ

خون بہاتا ہے جو انساں کا
ایسے مذہب سے میں ہوں منکر

آگ زنیarson،شررspark،تعصب bigotry، ہجرت migration، نمی moisture،منظر scene،بشرman،بسرspend،منکرdisapprove،مدنظرIn view of

जलता घर

कितना हुनर-मंद है वो कलाकर कारीगर
आईना नहीं पत्थर भी तराश लेता है शीशागर

आग बुझा कर आतें हैं अगर लगे कहीं
समझ लेते हैं उस को जो अपना घर

किसी का जलता घर देख ख़ुश न हो
कल को तेरा भी जल सकता है घर

ध्यान रहता है उधर ज़िंदगी थम जाती है
ऐसा कर जाता है दिल पर इश्क़ असर

सितम सहता है रहता और डरता है रहता
वक़्त पा कर हो जाता है वो निडर

جلتا گھر

کتنا ہنر مند ہے وہ کلاکار کاریگر
آئینہ نہیں پتھر بھی تراش لیتا ہے شیشہ گر

آگ بجھا کر آتے ہیں اگر لگے کہیں
سمجھ لیتے ہیں اس کو جو اپنا گھر

کسی کا جلتا گھر دیکھ خوش نہ ہو
کل کو تیرا بھی جل سکتا ہے گھر

دھیان رہتا ہے ادھر زندگی تھم جاتی ہے
ایسا کر جاتا ہے دل پر عشق اثر

ستم سہتا ہے رہتا اور ڈرتا ہے رہتا
وقت پاکر ہو جاتا ہے وہ نڈر

हालात सिखा देते हैं दुनिया में जीना
ठोकरें खा कर हो जाता है आदमी चतर

हम मोहब्बत में माएल न होते कभी मगर
ये दिल ही है जो डोल जाता है अक्सर

जिन आँखों में रहता है इंतिज़ार तेरा
अब वो अश्कों से जाती हैं लबा-लब भर

मए पीते रहे हैं जिन पैमानों में हम
टूट गए हैं अब छलकते हुए वो साग़र

जल रहा है इंसान अपनी ही अना में
न ही आग है वहाँ न ही शरर

न था न है न होगा कभी
ख़ुदा इंसान के ज़हन का है इक तसव्वुर

सितम-Tyranny.माएल-Fond of, Be enamoured. अशकों-Tears. लबा-लब-To the brim. मए-Wine. साग़र-Wine cup. अना-Ego.शरर-Spark. ज़हन-Mind. तसव्वर- Imagination.

حالات سکھا دیتے ہیں دنیا میں جینا
ٹھوکریں کھا کر ہو جاتا ہے آدمی چتر

ہم محبت میں مائل نہ ہوتے کبھی مگر
یہ دل ہی ہے جو ڈول جاتا ہے اکثر

جن آنکھو ں میں رہتا ہے انتظار تیرا
اب وہ اشکوں سے جاتی ہیں لبالب بھر

مے پیتے رہے ہیں جن پیمانوں میں ہم
ٹوٹ گئے ہیں اب چھلکتے ہوئے وہ ساغر

جل رہا ہے انساں اپنی ہی انامیں
نہ ہی آگ ہے وہاں نہ ہی شرر

نہ تھا نہ ہے نہ ہوگا کبھی
خدا انساں کے ذہن کا ہے ایک تصور

ستم tyranny، مائل fond of beenamoured be enchanted، اشکوں tears، لبالب to the brim، مے wine، ساغر wine cup، انا ego، شرر spark، ذہن mind تصور imagination

परखता है वो

परखता है वो मुझ को पास रहा नहीं करता
मोहब्बत नहीं करता जो पाबंद-ए-वफ़ा रहा नहीं करता

आसमाँ पर रह कर ख़ुदा जाने करता है क्या
ज़मीं की ख़बर रखता नहीं यहाँ रहा नहीं करता

शिकस्ता हाल में इंसान मरने की सोच लेता है
मरता भी नहीं वो और जिंदा रहा नहीं करता

रेत के घरौंदे बना कर खेला करते हैं तिफ़्ल
रेत के घरौंदे में मगर कोई रहा नहीं करता

ख़्वाहिशें लिए फिरता है दिल में हर इक बशर
जो चाहता है इंसान हो कर रहा नहीं करता

پرکھتا ہے وہ

پرکھتا ہے وہ مجھ کو پاس رہا نہیں کرتا
محبت نہیں کرتا جو پابند وفا رہا نہیں کرتا

آسماں پر رہ کر خدا جانے کرتا ہے کیا
زمیں کی خبر رکھتا نہیں یہاں رہا نہیں کرتا

شکستہ حال میں انساں مرنے کی سوچ لیتا ہے
مرتا بھی نہیں وہ اور زندہ رہا نہیں کرتا

ریت کے گھروندے بنا کر کھیلا کرتے ہیں طفل
ریت کے گھروندے میں مگر کوئی رہا نہیں کرتا

خواہشیں لئے پھرتا ہے دل میں ہر ایک بشر
جو چاہتا ہے انساں وہ ہوکر رہا نہیں کرتا

ख़ुशी और ग़मी दोनों रंगों में पलता है इंसान
उम्र भर एक ही मरहले में रहा नहीं करता

मगरमच्छ के रहते दरिया में रहता नहीं कोई बंदा
कोई रहता है अगर तो जिंदा रहा नहीं करता

बड़ी मछली खा जाती है पानी में छोटी को
ताक़तवर और नातवाँ का बे-ताल्लुक़ रिश्ता रहा नहीं करता

तीरगी छा जाती है रात को सारे जहाँ पर
सुब्ह के तुलू होते ही अँधेरा रहा नहीं करता

किनारे पर खड़ा रहता है डूब न जाए
वो इश्क़ नहीं करता जो डूबा नहीं करता

शिकस्ता-हाल- Miserable. घरौंदे-Sand or Clay House. तिफ़्ल-Child. बशर-Human. मरहले-Stage.ना-तवाँ-Weak. बे-ताल्लुक़-Unrelated.तीरगी-Darkness तुलू- Rising.

خوشی اور غمی دونوں رنگوں میں پلتا ہے انساں
عمر بھر ایک ہی مرحلے میں رہا نہیں کرتا

مگرمچھ کے رہتے دریا میں رہتا نہیں کوئی بندہ
کوئی رہتا ہے اگر تو زندہ رہا نہیں کرتا

بڑی مچھلی کھا جاتی ہے پانی میں چھوٹی کو
طاقتور اور ناتواں کا بے تعلق رشتہ رہا نہیں کرتا

تیرگی چھا جاتی ہے رات کو سارے جہان پر
صبح کے طلوع ہوتے ہی اندھیرا رہا نہیں کرتا

کنارے پر کھڑا رہتا ہے ڈوب نہ جائے
وہ عشق نہیں کرتا جو ڈوبا نہیں کرتا

شکستہ حال miserable، گھروندے sand or clay house، طفل child، بشر human، مرحلے: stage، ناتواں weak، بے تعلق unrelated، تیرگی darkness، طلوع: rising of sun

मुश्तरका तहज़ीब

मुश्तरका तहज़ीब जब तबाह होती है
मुत्ताहिद विरासत वहाँ फ़ना होती है

जब तशद्दुद की इंतिहा होती है
तब बग़ावत की इब्तिदा होती है

तहरीक का तब होता है आग़ाज़
जब जफ़ा पर जफ़ा होती है

आता है मर्द-ए-मुजाहिद मैदान में
बो वक़्त की सदा होती है

ज़ुल्म-ओ-सितम जब बढ़ता है जाता
तलवार से तब दिफ़ा होती है

मौत से बे-ख़ौफ़ हो जाता है
जान मक़्तल में फ़िदा होती है

مشترکہ تہذیب

مشترکہ تہذیب جب تباہ ہوتی ہے
متحدہ وراثت وہاں فنا ہوتی ہے

جب تشدد کی انتہا ہوتی ہے
تب بغاوت کی ابتدا ہوتی ہے

تحریک کا تب ہوتا ہے آغاز
جب جفا پر جفا ہوتی ہے

آتا ہے مرد مجاہد میدان میں
وہ وقت کی صدا ہوتی ہے

ظلم و ستم جب بڑھتا ہے جاتا
تلوار سے تب دفاع ہوتی ہے

موت سے بے خوف ہو جاتا ہے
جان مقتل میں فدا ہوتی ہے

हुक्म अदूली करता है उस की
सुल्तान की जो सज़ा होती है

देख कर वो सह नहीं पाता
अवाम की जो ईना होती है

लोगों का सैलाब रुक नहीं सकता
जब ख़ल्क़ कहीं ख़फ़ा होती है

ना इनसाफ़ी हो जिस निज़ाम में
बर्बादी की वो वजह होती है

तास्सुब का हो जहाँ बोल-बाला
पाकीज़गी वहाँ बेवा होती है

इंसानियत का हो जहाँ एहतिराम
वहाँ रहने क़ाबिल बक़ा होती है

मुश्तरक़ा-Joint, Common, Shared. मुत्ताहीद-United. विरासत-Heritage, Inheritance. फ़ना-Death. तशद्दुद-Violance, Oppression. इंतेहा-Extreme. इब्तिदा-Beginning. तहरीक-Movment, Agitation.आग़ाज़-Start.जफ़ा-Oppression.मर्द-मुजाहिद- Crusador, Warrior.सदा-Call. सितम- Tyranny. दिफ़ा-Defence. मक़त्ल-Place of execution. हुक्म-अदूली-Refuse to Obey order. अवाम-Public. इना-Distress.सैलाब-Flood. ख़ल्क़-People. ख़फ़ा-Displease. निज़ाम-System तास्सुब-Bigotry.पाकीज़गी-Purity.बेवा-Widow. एहतीराम-Honour.बक़ा-Life Existence.

حکم عدولی کرتا ہے اس کی
سلطان کی جو سزا ہوتی ہے

دیکھ کر وہ سہار نہیں پاتا
عوام کی جو عنا ہوتی ہے

لوگوں کا سیلاب رک نہیں سکتا
جب خلق کہیں خفا ہوتی ہے

نا انصافی ہو جس نظام میں
بربادی کی وہ وجہ ہوتی ہے

تعصب کا ہو جہاں بول بالا
پاکیزگی وہاں بیوہ ہوتی ہے

انسانیت کا ہو جہاں احترام
وہاں رہنے قابل بقا ہوتی ہے

مشترکہ shared common joint،متحدہ united، وراثت inheritence heritage، فنا death destruction،تشدد: violence oppression، انتہا extreme، ابتدا beginning، تحریک movement agitation، آغاز start beginning، جفا injury oppression، مجاہد crusador warrior، صدا call sound voice، ستم tyranny oppressions، دفاع defence، مقتل Place of execution، حکم عدولی refuse to obey comply، disobey an order، عوام public masses، عنا distress suffering، سیلاب flood، خلق people، خفا displease angry، نظام system، تعصب bigotry، پاکیزگی purity chastity، بیوہ widow، احترام: honour veneration، بقا: life existence

वो दिन हम लाएं गे

वो दिन हम लाएं गे
लोग फिर से मुस्कुराएं गे
ख़ुशियाँ होंगी घर घर में
लोग घी के दीप जलाएं गे

बे-इंसाफ़ी को भगाएं गे
इंसाफ का राज चलाएं गे
वो दिन हम लाएं गे

मज़लूम जब एक हो जाएं गे
अपनी तक़दीर वो ख़ुद बनाएं गे
वो दिन हम लाएं गे

शिकस्ता दिल हिम्मत कर पायें गे
कामयाब वो हो कर आएं गे
वो दिन हम लाएं गे

وہ دن ہم لائیں گے

وہ دن بھی ہم لایں گے
لوگ پھر سے مسکرائیں گے
خوشیاں ہوں گی گھر گھر میں
لوگ گھی کے دیپ جلائیں گے

بے انصافی کو بھگائیں گے
انصاف کا راج چلائیں گے
وہ دن بھی ہم لائیں گے

مظلوم جب ایک ہو جائیں گے
اپنی تقدیر وہ خود بنائیں گے
وہ دن بھی ہم لائیں گے

شکستہ دل ہمت کر پائیں گے
کامیاب وہ ہو کر آئیں گے
وہ دن بھی ہم لائیں گے

सुल्तान का तख़्त गिराएं गे
ताना-शाही को मिटाएं गे
वो दिन हम लाएं गे

फ़तेह का बिगुल बजाएं गे
जीत का परचम लहराएं गे
वो दिन हम लाएं गे

महकूम हाकिम हो जाएं गे
अवाम को ताज पहनाएं गे
वो दिन हम लाएं गे

हर एक को हक़ दिलाएं गे
लोग अमन से रह पाएं गे
वो दिन हम लाएं गे

मज़लूम-Aggrieved,Oppressed, Wronged.शिकस्ता-Broken.परचम-Flag.महकूम-Governed persons.अवाम-Common people.Masses.

سلطان کا تخت گرائیں گے
تانا شاہی کو مٹائیں گے
ون دن بھی ہم لائیں گے

فتح کا بگل بجائیں گے
جیت کا پرچم لہرائیں گے
وہ دن بھی ہم لائیں گے

محکوم حاکم ہو جائیں گے
عوام کو تاج پہنائیں گے
وہ دن بھی ہم لائیں گے

ہر ایک کو حق دلائیں گے
لوگ امن سے رہ پائیں گے
وہ دن بھی ہم لائیں گے

مظلوم wronged oppressed aggrieved، شکستہ ruined broken، پرچم flag، محکوم governed subjects، عوام public masses,common people

इंसानियत मर जाती है मुतअ'स्सिबी में

ज़िंदगी की मुसीबतें सहनी पड़ती हैं बरगश्तगी में
ज़िंदगी गुजार देता है जो बशर शिकस्तगी में

सुकूँ न मिला बहिश्त में भी जा कर
मुसर्रत मिलती है जैसी मैख़ाना की मए-कशी में

भूलता नहीं ख़ुदा को पी कर भी शेख़
तस्बीह फेरे जा रहा है वो बे-होशी में

मरना चाहता नहीं मगर फिर भी है मरता
निजात मिलती है दुखों से ख़ुद-कुशी में

चलो देख लो बैठे हैं वो सर-ए-बाज़ार
मुब्तला हो गए हैं जो दिल फ़रोशी में

انسانیت مرجاتی ہے متعصبی میں

زندگی کی مصیبتیں سہنی پڑتی ہیں برگشتگی میں
زندگی گزار دیتا ہے جو بشر شکستگی میں

سکوں نہ ملا بہشت میں بھی جا کر
مسرت ملتی ہے جیسی میخانہ کی میکشی میں

بھولتا نہیں خدا کو پی کر بھی شیخ
تسبیح پھیرے جا رہا ہے وہ بیہوشی میں

مرنا چاہتا نہیں مگر پھر بھی ہے مرتا
نجات ملتی ہے دکھوں سے جسے خودکشی میں

چلو دیکھ لو بیٹھے ہیں وہ سرِ بازار
مبتلا ہو گئے ہیں جو دل فروشی میں

ख़ुशी आती है जब भी रहती नहीं वो
ख़ुशी समझ लेते हैं कुछ लोग अय्याशी में

जाँनिसार होते हैं इश्क़ जो हैं करते
मोहब्बत का मज़ा लेते हैं आशिक़ सर-कशी में

दर्द-ओ-रहम नहीं होता उस के दिल में
इंसानियत मर जाती है मुतअ'स्सिबी में वहशी में

निकल नहीं पाता इंसान ज़िंदगी की मसरूफ़ियत से
ज़िंदगी गुजर जाती है सब की कश्मकशी में

गुम-सुम रहता है कुछ कहता नहीं है
दुख नज़र आता है उस की ख़ामोशी में

अक़्ल-मन्द होता है अलग सा दूसरों से
फ़ुज़ूल बोलता नहीं वो आ कर शेख़ी में

बरगश्तगी-Disgustment. शिकस्तगी-Dejection.बशर-Human Being. सुकूँ-Peace Calm, Tranquility. मुसर्रत-Delight.Pleasure.मए-कशी- Drinking Liquor.तसबीह-Rosary, निजात-Deliverance,Salvation.मुब्तला-Involved in, Enamoured.फ़रोशी-Selling. जाँनिसार-Devoted to Sacrfice. सर-कशी-Head Strong, Rebellion. मुतअ'स्सिबी-Bigot. मसरूफ़ियत-Preoccupations, Engagements.

خوشی آتی ہے جب بھی رہتی نہیں وہ
خوشی سمجھ لیتے ہیں کچھ لوگ عیاشی میں

جانثار ہوتے ہیں عشق جو ہیں کرتے
محبت کا مزا لیتے ہیں عاشق سرکشی میں

درد و رحم نہیں ہوتا اس کے دل میں
انسانیت مر جاتی ہے متعصبی میں وحشی میں

نکل نہیں پاتا انساں زندگی کی مصروفیت سے
زندگی گزر جاتی ہے سب کی کشمکشی میں

گم سم رہتا ہے کچھ کہتا نہیں ہے
دکھ نظر آتا ہے اس کی خاموشی میں

عقلمند ہوتا ہے الگ سا دوسروں سے
فضول بولتا نہیں وہ آ کر شیخی میں

برگشتگی disgustment، شکستگی dejection، بشر human being، سکوں peace,calm
transquility، مسرت delight pleasure happiness، میکشی drinking liquor، تسبیح
rosary، نجات salvation deliverance، مبتلا involved، فروشی: selling، جانثار
devoted to sacrifice، سرکشی rebellion headstrong، متعصبی bigot ،
مصروفیت preoccupations engagements

मौत से बद-तर तन्हा होना

लाज़िम है टूटे हुए दिल का ख़ामोश हो जाना
हम चुप रहे तो तुम ने है सुकून जाना

टुकड़े उस के भला आवाज़ दें गे कैसे
छेड़ो गे उन को तो ख़ून निकल है जाना

वो सुनते नहीं बुलाते हैं हम जिन को
दिल कहता है जानाँ के पास है जाना

याद आते हैं दिन मिलते थे जब हम
जानाँ के घर भी नहीं रहा आना-जाना

एक पल में बदल गई है ज़िंदगी कितनी
बिछड़ना था ऐसे कि जैसे था मर जाना

موت سے بدتر تنہا ہونا

لازم ہے ٹوٹے ہوئے دل کا خاموش ہو جانا
ہم چپ رہے تو تم نے ہے سکوں جانا

ٹکڑے اس کے بھلا آواز دیں گے کیسے
چھیڑو گے ان کو تو خون نکل ہے جانا

وہ سنتے نہیں بلاتے ہیں ہم جن کو
دل کہتا ہے جاناں کے پاس ہے جانا

یاد آتے ہیں دن ملتے تھے جب ہم
جاناں کے گھر بھی نہیں رہا آنا جانا

ایک پل میں بدل گئی ہے زندگی کتنی
بچھڑنا تھا ایسے کہ جیسے تھا مر جانا

रुक गए हैं हम किस मक़ाम पर आ कर
गुमराह हो गए हैं किधर को है जाना

कुछ भी पता नहीं है कू-ए-यार का
किस से पूछने जाएं किस जगह है जाना

तुम ने देखा ही नहीं तन्हाई का आलम
मौत से बद्तर होता है तन्हा हो जाना

इश्क़ ने ग़रज़ मंदी की इंतिहा कर दी
बिछड़ना लगता था ख़ुद से जुदा हो जाना

मुड़ मुड़ कर उन का ध्यान में आना
फिर हम को ख़्वाब-ए-गिराँ में ले जाना

सुकूँ-peace, Calm, tranquillity, Respite. जानाँ-Beloved, Sweet Heart. कूए-Street, Lane, To wards. तन्हाई-Loneliness, Solitude. आलम-State, Condition, World. ग़रज़-मंदी-Self aggrandizement, Need, Selfishness. इंतिहा-Extreme,End. ख़्वाब-ए-गिराँ-Sound Sleep, Deep Sleep.

رک گئے ہیں ہم کس مقام پر آ کر
گمراہ ہو گئے ہیں کدھر کو ہے جانا

کچھ بھی پتہ نہیں ہے کوئے یار کا
کس سے پوچھنے جائیں کس جگہ ہے جانا

تم نے دیکھا ہی نہیں تنہائی کا عالم
موت سے بدتر ہوتا ہے تنہا ہو جانا

عشق نے غرض مندی کی انتہا کر دی
بچھڑنا لگتا تھا خود سے جدا ہو جانا

مڑ مڑ کر ان کا دھیان میں آنا
پھر ہم کو خواب گراں میں لے جانا

سکوں peace calm transquility respite state of rest، جاناں beloved، sweetheart، کوئے street lane towards، تنہائی loneliness solitude، عالم state، condition world، غرض مندی self aggrandisement need selfishness، انتہا extreme utmost limit end، خواب گراں soundsleep deepsleep

साया भाग जाता है

अक्स नज़र आता है उस तक जाया नहीं जाता
साया भाग जाता है पकड़ कर लाया नहीं जाता

कम लोग हैं जो नसीब बनाते हैं अपना
ज़ियादा कहते हैं ख़ुदा बनाता है बनाया नहीं जाता

कुछ सवाल होते हैं ऐसे जो हल नहीं होते
हर सवाल का जवाब भी तो बताया नहीं जाता

दिल में रहता है आँखों से ओझल नहीं होता
पास रहता है इतना मगर पास जाया नहीं जाता

शोहरत में रहना चाहता है हर शख़्स दुनिया में
नाम ऊँचा नहीं होता अगर नाम कमाया नहीं जाता

سایہ بھاگ جاتا ہے

عکس نظر آتا ہے اس تک جایا نہیں جاتا
سایہ بھاگ جاتا ہے پکڑ کر لایا نہیں جاتا

کم لوگ ہیں جو نصیب بناتے ہیں اپنا
زیادہ کہتے ہیں خدا بناتا ہے بنایا نہیں جاتا

کچھ سوال ہوتے ہیں ایسے جو حل نہیں ہوتے
ہر سوال کا جواب بھی تو بتایا نہیں جاتا

دل میں رہتا ہے آنکھوں سے اوجھل نہیں ہوتا
پاس رہتا ہے اتنا مگر پاس جایا نہیں جاتا

شہرت میں رہنا چاہتا ہے ہر شخص دنیا میں
نام اونچا نہیں ہوتا اگر نام کمایا نہیں جاتا

चले तो गए हैं ख़फ़ा हो कर वो मगर
रुक गए हैं जा कर आगे जाया नहीं जाता

नीम नज़रों से देखते हैं और शर्मा रहे हैं
दिल ख़ुद-ब-ख़ुद लग जाता है लगाया नहीं जाता

दूर तक जाती है इश्क़ और मुश्क की ख़ुशबू
इश्क़ छिपाने से छिपता नहीं कभी छिपाया नहीं जाता

हमीं जानते हैं कैसे गुज़र रही है फ़िराक़-ए-हयात
उन से आया नहीं जाता हम से जाया नहीं जाता

जब आता है दुनिया में तो कुछ लाता नहीं साथ
जब जाता है मरने पर तो ले जाया नहीं जाता

शोहरत-Fame, Reputation. नीम-Half, Semi. फ़िराक़-Separation. हयात-Life.

چلے تو گئے ہیں خفا ہو کر وہ مگر
رک گئے ہیں جا کر آگے جایا نہیں جاتا

نیم نظروں سے دیکھتے ہیں اور شرما رہے ہیں
دل خود بخود لگ جاتا ہے لگایا نہیں جاتا

دور تک جاتی ہے عشق اور مشک کی خوشبو
عشق چھپانے سے چھپتا نہیں کبھی چھپایا نہیں جاتا

ہمیں جانتے ہیں کیسے گزر رہی ہے فراق حیات
ان سے آیا نہیں جاتا ہم سے جایا نہیں جاتا

جب آتا ہے دنیا میں تو کچھ لاتا نہیں ساتھ
جب جاتا ہے مرنے پر تو لے جایا نہیں جاتا

شہرت fame reputation، نیم Semi half، فراق حیات life in separation، مشک Musk, Fragrance

इमरोज़ में मातम न करो

तर्क कीया है जिस ने उसे बुलाते हो
ज़ख़्म ख़ुद ही करते हो ख़ून बहाते हो

चला गया जो लौट कर न आए गा
बे-क़रार रहते हो दिल को सताते हो

न आशियाँ था उस का न कोई ठिकाना
शिकरा था उड गया क्यूँ भूल जाते हो

फ़िराक़-ए-ग़म है ऐसा कि जीने नहीं देता
याद करते हो माज़ी में बह जाते हो

सोच जाती है उधर ख़यालों में है रहता
खोए खोए रहते हो रोने पर उतर आते हो

امروز میں ماتم نہ کرو

ترک کیا ہے جس نے اسے بلاتے ہو
زخم خود ہی کرتے ہو اور خون بہاتے ہو

چلا گیا جو لوٹ کر نہ آئے گا
بےقرار رہتے ہو دل کو ستاتے ہو

نہ آشیاں تھا اس کا نہ کوئی ٹھکانا
شکرہ تھا اڑ گیا کیوں بھول جاتے ہو

غم فراق ہے ایسا کہ جینے نہیں دیتا
یاد کرتے ہو ماضی میں بہہ جاتے ہو

سوچ جاتی ہے ادھر خیالوں میں ہے رہتا
کھوئے کھوئے رہتے ہو رونے پر اتر آتے ہو

ज़िंदगी ऐसी तो नहीं कि थम जाती है
ज़ीस्त की शमा जलने दो क्यूँ बुझते हो

ज़िंदगी मुस्तक़बिल में रहती है बीते में नहीं
इमरोज़ में क्यूँ उस का मातम किए जाते हो

फूल मुरझाते हैं मगर खिल भी हैं जाते
चमन में कभी क्या महक लेने जाते हो

रुख़्सत होनी है हयात नहीं रहनी ये
अभी से ही क्यूँ इस को मिटाते हो

रूठ गया है जो उसे रूठ जाने दो
आगे भी ज़िंदगी है क्यूँ पछताते हो

हर शख़्स यहाँ ख़ुद ग़रज़ है संग-दिल है
संभल के मिलना जिस से मिलना चाहते हो

तर्क-Giving up, Quitting, Desertion. आशियाँ-Nest, Abode, शिकरा-Hawk, Falcon.फ़िराक़-Separation. माज़ी-Past.ज़िस्त-Life, Existence. शमा-Candle, Lamp.मुस्तक़बील-Future. इमरोज़-Today. रुख़्सत-Depart, Leave, Discharge. हयात-Life. Existence. ख़ुद ग़रज़- Selfish. संग-दिल-Callous, Cruel, Marciless, Hard Hearted.

زندگی ایسی تو نہیں کہ تھم جاتی ہے
زیست کی شمع جلنے دو کیوں بجھاتے ہو

زندگی مستقبل میں رہتی ہے بیتے میں نہیں
امروز میں کیوں اس کا ماتم کیے جاتے ہو

پھول مرجھاتے ہیں مگر کھل بھی ہیں جاتے
چمن میں کبھی کیا مہک لینے جاتے ہو

رخصت ہونی ہے حیات نہیں رہنی یہ
ابھی سے ہی کیوں اس کو مٹاتے ہو

روٹھ گیا ہے جو اسے روٹھ جانے دو
آگے بھی زندگی ہے کیوں پچھتاتے ہو

ہر شخص یہاں خود غرض ہے سنگدل ہے
سنبھل کے ملنا جس سے ملنا چاہتے ہو

ماتمMourn ترکgiving up quitting desertion، آشیاںnest، شکرہhawk falcon، فراق separation، ماضی past، زیست: life existence، شمع candle lamp، مستقبل future، امروز today، رخصت [depart leave discharge bid farewell]، حیات: life existence، سنگدل callous cruel merciless hard hearted

मुक़र्रर मक़ाम

मुक़र्रर मक़ाम पहुँचने वाला है कारवाँ अपना
गोरों का बसेर होगा आस्ताँ अपना

क़ब्र की तरफ़ बढ़ रहे हैं क़दम
ख़ाक-ए-मज़ार होगा अब ख़ानुमाँ अपना

तन्हा रहें गे वहाँ पुर-सुकून से
कोई न होगा साथ मेहरबाँ अपना

न होगा फ़िक्रो-ग़म न रंज
रहे गा मन शांत और शादमाँ अपना

न शिकवा किसी से न शिकायत
न दुश्मन होगा न दोस्ताँ अपना

कुछ न होगा पास अपने वहाँ
रह जाऐगा यहीं सब सामाँ अपना

माटी ने मिल जाना है माटी में
माटी का हो जाना है आशियाँ अपना

मुक़र्रर-Setteld, मक़ाम-Place,कारवाँ- कारवां, गोरों-Graves, बसेरा-Abode, आस्ताँ-Abode,Residence, ख़ाक-Dust,Earth, मज़ार-Tomb, Grave, ख़ानुमाँ-Home, सुकून-Peace, शादमाँ-Happy, आशियाँ-Residence,Abode, दोस्ताँ-Friend

مقررہ مقام

مقررہ مقام پہنچنے والا ہے کارواں اپنا
گوروں کا بسیرا ہوگا آستاں اپنا

قبر کی طرف بڑھ رہے ہیں قدم
خاک مزار ہوگا اب خانماں اپنا

تنہا رہیں گے وہاں پرسکون سے
کوئی نہ ہوگا ساتھ مہرباں اپنا

نہ ہوگا فکر و غم نہ رنج
رہے گا من شانت اور شادماں اپنا

نہ شکوہ کسی سے نہ کوئی شکایت
نہ دشمن ہوگا نہ دوستاں اپنا

کچھ نہ ہوگا پاس اپنے وہاں
رہ جائے گا یہیں سب ساماں اپنا

ماٹی نے مل جانا ہے ماٹی میں
ماٹی کا ہوجانا ہے آشیاں اپنا

مقررہ Fixed,Settled مقام Place کارواں Carvan گوروں Graves بسیرا Abode آستاں Residence,Abode خاک Dust,Earth مزار Grave,Tomb خانماں Home سکون Peace شادماں Happy آشیاں Abode,Residence دوستاں Friend

घूमती हयात

मिलने जाता हूँ उन को तो ख़फ़ा देखूँ
नहीं मिलता अगर तो उन की जफ़ा देखूँ

ये दिल है कि मिलने को करता है मजबूर
जब भी उन को कभी मैं तन्हा देखूँ

वो करीं तो नहीं मगर दूर भी नहीं
उन को जुदा देखूँ या ख़ुद को जुदा देखूँ

ग़म-ए-फ़ुर्क़त में सदा देते हैं आने को
मुझे आता देख उन को मैं आता देखूँ

मोहब्बत करते हैं जो नहीं होते वो रुसवा
उन की ख़ता को भी मैं बे-ख़ता देखूँ

मरने की जब कोई तमन्ना नहीं मुझ में
फिर चाक चाक होती क्यूँ अपनी क़बा देखूँ

हर रोज़ के मुसाफ़िर की तरह घूमे हयात
बदल रहा उस का क़याम मैं सदा देखूँ

जफ़ा-Oppression, करीं-Nearness, फ़ुर्क़त-Separation , सदा-Call, रुसवा-Displease, Disgrace, ख़ता-Fault, चाक-Cut,Slit, क़बा-Body, हयात-Life, क़याम-Residence

گھومتی حیات

ملنے جاتا ہوں ان کو تو خفا دیکھوں
نہیں ملتا اگر تو ان کی جفا دیکھوں

یہ دل ہے کہ ملنے کو کرتا ہے مجبور
جب بھی ان کو میں کبھی تنہا دیکھوں

وہ قریں تو نہیں مگر دور بھی نہیں
ان کو جدا دیکھوں یا خود کو جدا دیکھوں

غم فرقت میں صدا دیتے ہیں آنے کو
مجھے آتا دیکھ ان کو میں آتا دیکھوں

محبت کرتے ہیں جو نہیں ہوتے وہ رسوا
ان کی خطا کو بھی میں بے خطا دیکھوں

مرنے کی جب کوئی تمنا نہیں مجھ میں
پھر چاک چاک ہوتی کیوں اپنی قبا دیکھوں

ہر روز کے مسافر کی طرح گھومے حیات
بدل رہا اس کا قیام میں سدا دیکھوں

جفا Oppression قریں Nearness فرقت Separation صدا Call رسوا Infame خطا Fault
چاک Cut,Slit قبا Body حیات Life قیام Stay,Residence

बात छोटी सी थी

फ़ासला तो कम था दूरी ही बढ़ती गई
बात छोटी सी थी मगर वो बिगढ़ती गई

खड़ा रहा मैं देर तक इंतिज़ार में
वो पलट कर न आई आगे ही चलती गई

ज़ख़्म ले कर घूम रहा हूँ आवारा सा
घड़ी मिलन की हर पल ही घटती गई

राह-ए-उल्फ़त में ठोकरें खा कर उठ न सका
शमा प्यार की दिल में फिर भी जलती गई

दास्तान-ए-ज़िंदगी हो गई है यादों की मोहताज
भीगी पलकों के नीचे इक आग सी सुलगती गई

हश्र के अंजाम की बात न करो मुझ से
ये सज़ा अभी से है मुझ को मिलती गई

ज़िंदगी जो तेरे साथ चली थी वैसी न चली
तेरे बग़ैर भी मगर किसी तरह ये चलती गई

उल्फ़त-Love. हश्र-Doomsday. तन्हा-Alone, Lonely. वस्ल-Union, Meeting, Joining. दास्तान-Story, Fable, Tale.

بات چھوٹی سی تھی

فاصلہ تو کم تھا ڈوری ہی بڑھتی گئی
بات چھوٹی سی تھی مگر وہ بگڑتی گئی

کھڑا رہا میں دیر تک انتظار میں
وہ پلٹ کر نہ آئی آگے ہی چلتی گئی

زخم لے کر گھوم رہاہوں آوارہ سا
گھڑی ملن کی ہر پل ہی گھٹتی گئی

راہِ الفت میں ٹھوکریں کھاکر اٹھ نہ سکا
شمع پیار کی دل میں پھر بھی جلتی گئی

داستان زندگی ہوگئی ہے یادوں کی محتاج
بھیگی پلکوں کے نیچے اک آگ سلگتی گئی

حشر کے انجام کی بات نہ کرو مجھ سے
یہ سزا ابھی سے ہے مجھ کو ملتی گئی

زندگی جو تیرے ساتھ چلی تھی ویسی نہ چلی
تیرے بغیر بھی مگر کسی طرح یہ چلتی گئی

داستان story fable tale، وصل union meeting joining، تنہا alone lonely، حشر dooms day، الفت love

तुलू-ए-सहर

तुलू-ए-सहर होने वाली है सोचता है तू
तवील शब गुज़र जाए गी समझता है तू

रात गुज़रनी तो है रुकनी नहीं है ये
अभी नींद में ही ख़्वाब देखता है तू

तेरी बीनाई टिकी हुई है चाँद तारों पर
धुंदले आसमाँ में भी रोशनी देखता है तू

उम्मीद-ए-सहर में कट जाऐगी ये रात
अभी से ही ख़ुश नज़र आता है तू

सुब्ह आए गी जब तू जाग जाए गा
बेदार कर लोगों को अगर जागता है तू

सूरज चाँद जैसी चमक न सही इन में
जुगनू भी करते हैं उजाला देखता है तू

तुलू-ए-सहर-Dawn,Daybreak, तवील शब-Long Night,बीनाई-Sight, बेदार-Vigilant, Awake

طلوع سحر

طلوع سحر ہونے والی ہے سوچتا ہے تو
طویل شب گزر جائے گی سمجھتا ہے تو

رات گزرنی تو ہے رکنی نہیں ہے یہ
ابھی نیند میں ہی خواب دیکھتا ہے تو

تیری بینائی ٹکی ہوئی ہے چاند تاروں پر
دھندلے آسماں میں بھی روشنی دیکھتا ہے تو

امید سحر میں کٹ جائے گی یہ رات
ابھی سے ہی خوش نظر آتا ہے تو

صبح آئے گی جب تو جاگ جائے گا
بیدار کر لوگوں کو اگر جاگتا ہے تو

سورج چاند جیسی چمک نہ سہی ان میں
جگنو بھی کرتے ہیں اجالا دیکھتا ہے تو

طلوع سحر Daybreak,Dawn طویل شب Long night بینائی Sight بیدار Vigilant, Awake

कुछ दुआ करो

मुद्दत हुई है कीए उन के दीदार को
कुछ तो दुआ करो या दवा दो बीमार को

आओ फिर से शमा जलाएं और महफ़िल जमाएं कहीं
दिल भर कर देख लें जाती उम्र-ए-बहार को

चल चल रे ऐ हवा मेरे सनम की तरफ़
दे आना मेरा पैग़ाम मेरे वस्ल-ए-यार को

ख़मोशी पूछती है कब ख़त्म होगा अय्याम-ए-फ़ुर्क़त
तन्हाई कह रही है जाने के लिए इंतिज़ार को

तेरी रुसवाइयाँ तेरे गिले शिकवे फ़ैज़ समझ कर
हर क़दम पर तस्लीम करते रहे तेरे इंकार को

उन को मिलने की आरज़ू दिल में रही दबी
मरने के बाद देखें गे क्या ख़ाक-ए-मज़ार को

अय्याम- Time, Period. फ़ुर्क़त- Separation.फैज़- Favour, Beneficence. तस्लीम-Acceptance, Salutation. रुसवाई- Infamy, Disgrace, Displeasure .

کچھ دعا کرو

مدت ہوئی ہے کئے ان کے دیدار کو
کچھ تو دعا کرو یا دوا دو بیمار کو

آؤ پھر سے شمع جلائیں اور محفل جمائیں کہیں
دل بھر کر دیکھ لیں جاتی عمرِ بہار کو

چل چل رے اے ہوا میرے صنم کی طرف
دے آنا میرا پیغام میرے وصلِ یار کو

خموشی پوچھتی ہے کب ختم ہوگا ایام فرقت
تنہائی کہہ رہی ہے جانے کے لئے انتظار کو

تیری رسوائیاں تیرے گلے شکوے فیض سمجھ کر
ہر قدم پر تسلیم کرتے رہے تیرے انکار کو

ان کو ملنے کی آرزو دل میں رہی دبی
مرنے کے بعد دیکھیں گے کیا خاک مزار کو

ایام time period ، فرقت separation ، فیض favour,beneficence تسلیم acceptance,salutation، رسوائی infamy disgrace

ज़िंदगी में हलचल

मोहब्बत भी करता है वो मगर आशना भी नहीं
अफ़सुरदा भी नहीं है दिल मगर ख़ुश-नुमा भी नहीं

अंधेरी है रह-गुज़र और मंज़िल भी है बहुत दूर
चल तो पड़ा है मगर कोई दिशा भी नहीं

ज़िंदगी में हर मोड पर होती रहती है हलचल
आशा नहीं है अगर तो कोई निराशा भी नहीं

कहाँ लिए जा रही है हयात सोचता है रहता
ख़ौफ़ तो है दिल में मगर ख़दशा भी नहीं

जुनून-ए-इश्क़ का क़त्ल करने का मोजज़ा तो देखो
ख़ून बहाता है दिल से मगर रिस्ता भी नहीं

क़हक़हों की गूँज में भी वो ख़ामोश रहता है
हँसाता है वो दूसरों को ख़ुद हँसता भी नहीं

ये कैसा जाम है जो होश में है रखता
पीता भी जाता है मगर उसे नशा भी नहीं

आशना-Paramour, Knowing, अफ़सुरदा-Dejected, Spiritless. दिशा-Direction. हयात-Life. ख़दशा-Apprehension, Doubt. मोजज़ा-Miracle. रिस्ता-Leak, Drip.

زندگی میں ہلچل

محبت بھی کرتا ہے وہ مگر آشنا بھی نہیں
افسردہ بھی نہیں ہے دل مگر خوشنما بھی نہیں

اندھیری ہے رہگزر اور منزل بھی ہے بہت دور
چل تو پڑا ہے مگر کوئی دشا بھی نہیں

زندگی میں ہر موڑ پر ہوتی رہتی ہے ہلچل
آشا نہیں ہے اگر تو کوئی نراشا بھی نہیں

کہاں لیئے جارہی ہے حیات سوچتا ہے رہتا
خوف تو ہے دل میں مگر خدشہ بھی نہیں

جنون عشق کا قتل کرنے کا معجزہ تو دیکھو
خون بہاتا ہے دل سے مگر رستا بھی نہیں

قہقہوں کی گونج میں بھی وہ خاموش رہتا ہے
ہنساتا ہے وہ دوسروں کو خود ہنستا بھی نہیں

یہ کیسا جام ہے جو ہوش میں ہے رکھتا
پیتا بھی جاتا ہے مگر اسے نشہ بھی نہیں

آشنا Knowing,Paramour افسردہ Spiritless,Dejected دشا Direction حیات Life
خدشہ Apprehension معجزہ Miracle رستا Ooze, Drip,Leak

सफ़र हुआ तमाम

समझ रहा था जिस को अपना है आशियाँ
कच्ची थीं दीवारें गिर गया वो ख़ानुमाँ

आया और चला गया सफ़र हुआ जब तमाम
दुनिया-ए-फ़ानी में कोई भी रहा है कहाँ

पानी का बुलबुला था उठा और फट गया
बिखर गया वो न रहा उस का निशाँ

दिलकश थी ये दुनिया मगर वो भूल गया
जाना होता है उसे आता है जो यहाँ

सब रिश्ते नाते तोड़ कर चला है जाता
चार बशर ले जाते हैं उस को क़बराँ

आशियाँ-Residence. ख़ानुमा-Home. तमाम-End, Finish. दुनिया-ए-फ़ानी-Mortal World. बशर-Man. क़बराँ-Graves.

سفر ہوا تمام

سمجھ رہا تھا جس کو اپنا ہے آشیاں
کچی تھیں دیواریں گر گیا وہ خانماں

آیا اور چلا گیا سفر ہوا جب تمام
دنیائے فانی میں کوئی بھی رہا ہے کہاں

پانی کا بلبلا تھا اٹھا اور پھٹ گیا
بکھر گیا وہ نہ رہا اس کا نشاں

دلکش تھی یہ دنیا مگر وہ بھول گیا
جانا ہوتا ہے اسے آتا ہے جو یہاں

سب رشتے ناتے توڑ کر چلا ہے جاتا
چار بشر لے جاتے ہیں اس کو قبراں

آشیاں Residence خانماں Home تمام Finish,End دنیائے فانی Mortalworld بشر Men
قبراں Graves

उल्फ़त में बे-रूख़ी

इस तरह बे-रूख़ी करते कहीं उल्फ़त नहीं देखी
उन की आँखों में पहली सी मोहब्बत नहीं देखी

थक जाती थीं इंतिज़ार में जो मरतूब निगाहें
आज उन में इश्क़ की वो शिद्दत नहीं देखी

मैं ने सुन कर यूँ ही मुस्कुरा तो दिया
उन की बातों में वर्ना कोई हक़ीक़त नहीं देखी

ग़ैर से कहीं इश्क़ तो नहीं होने लगा
उन के दिल में कभी ऐसी नफ़रत नहीं देखी

मस्तूर जबीं लिए मुँह मोड कर यूँ गुज़रे
उन में मिलने की पहली सी हसरत नहीं देखी

क्या हुआ है तुझको बता ऐ दिल
पहले कभी ऐसी तेरी आशुफ़ता हालत नहीं देखी

चश्म मुश्ताक़ दिल बे-क़रार तब से रहता है
ख़ुदा क़सम जब से उन की सूरत नहीं देखि

मरतूब-Wet, Moist. शिद्दत -Intesity. मस्तूर-Veiled, Covered.जबीं-Forehead. आशुफ़ता-Afflicted, Distressed.चश्म-Eye.मुश्ताक़-Wistful.बे-रूख़ी-Antipathy,Avoidance.

الفت میں بے رخی

اِس طرح بے رُخی کرتے کہیں اُلفت نہیں دیکھی
اُن کی آنکھو ں میں پہلی سی محبت نہیں دیکھی

تھک جاتی تھِیں اِنتظار میں جو مرطوب نگاہیں
آج ان میں عشق کی وہ شدت نہیں دیکھی

میں نے سُن کر یوں ہی مسکرا تو دیا
اُن کی باتوں میں ورنہ کوئی حقیقت نہیں دیکھی

غیر سے کہیں عشق تو نہیں ہونے لگا
ان کے دل میں کبھی ایسی نفرت نہیں دیکھی

مستور جبین لئے منہ موڑ کر یوں گزرے
اُن میں مِلنے کی پہلی سی حسرت نہیں دیکھی

کیا ہوا ہے تجھ کو بتا اے دل
پہلے کبھی ایسی تیری آشفتہ حالت نہیں دیکھی

چشم مشتاق دِل بیقرار تب سے رہتا ہے
خدا قسم جب سے اُن کی صورت نہیں دیکھی

مرطوب wet,moist ،شدت intensity ، مستور veiled ،جبین forehead ،آشفتہ afflicted, Distressed ،چشم eye ،مشتاق: wistful ، بےرخی antipathy,avoidance

सीने में इश्क़

सीने में कहीं तो इश्क़ सुलग रहा होगा
दबी आवाज़ में कभी तो कुछ कहा होगा

चुप रहता है जो उस की शनास कर
ख़ामोश लबों से बहुत कुछ निकला होगा

वस्ल की शब याद तो आती होगी
हिज्र में आँख से अश्क तो बहा होगा

बल खाती घटाएं नीचे उतर आई होंगी
जब तेरे बालों से बादल बर्सा होगा

तन्हाई में सताते होंगे वस्ल के लमहात
सितम जुदाई का दिल ने सहा होगा

سینے میں عشق

سینے میں کہیں تو عشق سلگ رہا ہوگا
دبی آواز میں کبھی تو کچھ کہا ہوگا

چپ رہتا ہے جو اس کی شناس کر
خاموش لبوں سے بہت کچھ نکلا ہوگا

وصل کی شب یاد تو آتی ہوگی
ہجر میں آنکھ سے اشک تو بہا ہوگا

بل کھاتی گھٹائیں نیچے اتر آئی ہوں گی
جب تیرے بالوں سے بادل برسا ہوگا

تنہائی میں ستاتے ہوں گے وصل کے لمحات
ستم جدائی کا دل نے سہا ہوگا

दिल की धड़कन बे-क़रार करती होगी
रह रह कर किसी का ख़याल भी आता होगा

तारों से मिलती होगी तेरी आँखों की झलक
आसमान की तरफ़ जब कोई देखता होगा

सीने में सो रहा इश्क़ जाग जाता होगा
रात को ख़्वाबों में जब कोई आता होगा

सीना-सीने-Chest, Breast.शनास-Know, Acquaint.वस्ल-Meeting, union.शब-Night.हिज्र-Separation. अश्क-Tear.लम्हात-Moments.सितम-Oppression, Injustice, Tyranny. तन्हाई-Loneliness.

دل کی دھڑکن بے قرار کرتی ہوگی
رہ رہ کے کسی کا خیال بھی آتا ہوگا

تاروں سے ملتی ہوگی تیری آنکھوں کی جھلک
آسمان کی طرف جب کوئی دیکھتا ہوگا

سینے میں سورہا عشق جاگ جاتا ہوگا
رات کو خوابوں میں جب کوئی آتا ہوگا

سینہ breast chest، شناس acquaint know، وصل union meeting، شب night،
ہجر Separation، اشک tear، لمحہ moments، ستم: tyranny injustice opression
تنہائی loneliness

नसीब लिख सकता अगर

नसीब अपना लिख सकता अगर तो बंदा ख़ुदा होता
वो होता अगर ख़ुदा जैसा तो फिर क्यूँ ख़ुदा होता

हुआ है हर कोई पैदा ख़ुदा के करम से
न होता ख़ुदा तो कुछ भी न हुआ होता

न मिलते तुम मुझ को न होते हम रुसवा
जीते जी अच्छा न मरने पर बुरा होता

मिलते हो तो रोता हूँ कहीं बिछड़ न जाओ तुम
नहीं मिलते तो भी रोता जब तुम से जुदा होता

हम इश्क़ न करते यूँ ही बस मर जाते
इक बार तुम ने अगर हम को यूँ कहा होता

نصیب لکھ سکتا اگر

نصیب اپنا لکھ سکتا اگر تو بندہ خدا ہوتا
وہ ہوتا اگر خدا جیسا تو پھر کیوں خدا ہوتا

ہوا ہے ہر کوئی پیدا خدا کے کرم سے
نہ ہوتا خدا تو کچھ بھی نہ ہوا ہوتا

نہ ملتے تم مجھ کو نہ ہوتے ہم رسوا
جیتے جی اچھا نہ مرنے پر برا ہوتا

ملتے ہوتو روتا ہوں کہیں بچھڑ نہ جاؤ تم
نہیں ملتے تو بھی روتا جب تم سے جدا ہوتا

ہم عشق نہ کرتے یوں ہی بس مرجاتے
اک بار تم نے اگر ہم کو یوں کہا ہوتا

ख़ुदा के वास्ते वस्ल का वक़्त मना लेने दो
तुम क्या जानों फ़िराक़-ए-तंहाई में है क्या होता

रहमत है ख़ुदा की या तेरे इश्क़ की इनायत
न होता इश्क़ तुम से तो मर गया होता

कोई तो सबब है अश्क भर आए जो आँखों में
न होता यूँ तो दीदा-ए-तर न हुआ होता

वस्ल-Union, Meeting.फ़िराक़-Separation. रुसवा-Disgrace, Displease.रहमत-Blessing,Grace, Mercy.इनायत-Kindness, Favour.अश्क-Tears.दीदा-ए-तर-Weeping Eyes, Wet Eyes.तन्हाई-Alone, Lonely.वली-Saint.

خدا کے واسطے وصل کا وقت منا لینے دو
تم کیا جانو فراق تنہائی میں ہے کیا ہوتا

رحمت ہے خدا کی یا تیرے عشق کی عنایت
نہ ہوتا عشق تم سے تو مرگیا ہوتا

کوئی تو سبب ہے اشک بھر آئے جو آنکھوں میں
نہ ہوتا یوں تو دیدہ تر نہ ہوا ہوتا

وصل union meeting، فراق separation، رسوا disgrace، رحمت blessing grace
عنایت mercy، kindness favour، اشک tear، دیدہ تر wet eyes,weeping eyes
تنہائی lonely,alone

हिज्र की आग

हिज्र की आग में रोज़ जलता हूँ
तेरी महफ़िल में बेगाना सा लगता हूँ

होंट खुलते नहीं ज़बाँ दब जाती है
जब भी तेरे सामने से गुज़रता हूँ

ख़ुदाया ये इश्क़ का जुनून है कैसा
जिंदा रह कर जीते जी मरता हूँ

सागर पीने की प्यास नहीं मुझ को
चोंच इक बूंद से ही भरता हूँ

रात की तारीकी मुझे सोने नहीं देती
शाम-ए-फ़िराक़ तन्हाई से मैं डरता हूँ

ہجر کی آگ

ہجر کی آگ میں روز جلتا ہوں
تیری محفل میں بیگانہ سا لگتا ہوں

ہونٹ کھلتے نہیں زباں دب جاتی ہے
جب بھی تیرے سامنے سے گزرتا ہوں

خدایا یہ عشق کا جنوں ہے کیسا
زندہ رہ کر جیتے جی مرتا ہوں

ساگر پینے کی پیاس نہیں مجھ کو
چونچ ایک بوند سے ہی بھرتا ہوں

رات کی تاریکی مجھے سونے نہیں دیتی
شامِ فراق تنہائی سے میں ڈرتا ہوں

मोहब्बत को तू ने पैराहन समझ लिया
मौसम नहीं हूँ मैं जो बदलता हूँ

इश्क़ की दास्तान का है यही अंजाम
इस चिंगारी को लगा कर सुलगता हूँ

तू ही तू बस देती है दिखाई
जिस तरफ़ भी नज़र मैं करता हूँ

गुलशन में बहारों ने हैं फूल खिलाए
चली भी आओ तेरी राह मैं तक्ता हूँ

हिज्र-Separation. तारीकी-Darkness, Obscurity. फ़िराक़-Sepration.पैराहन-Dress, Shirt.

محبت کو تو نے پیراہن سمجھ لیا
موسم نہیں ہوں میں جو بدلتا ہوں

عشق کی داستاں کا یہی ہے انجام
اِس چنگاری کو لگا کر سلگتا ہوں

تو ہی تو بس دیتی ہے دکھائی
جس طرف بھی نظر میں کرتا ہوں

گلشن میں بہاروں نے ہیں پھول کھلائے
چلی بھی آؤ تیری راہ میں تکتا ہوں

ہجر separation، تاریکی darkness obscruity، فراق separation، پیراہن dress, shirt

ज़हन अलम नासाज़

कर दिया उल्फ़त ने ज़हन अलम नासाज़
मर्ग-ए-मर्ज़ है ये कहता है नब्बाज़

किस दयार में आ गया हूँ मालूम नहीं
सुनती नहीं जहाँ किसी की कोई आवाज़

आतिश-ए-फ़िराक़ में जल रहा हूँ कब से
जब से चले गए वो हो कर बे नियाज़

सन्नाटे की ख़मोशी अच्छी लगने लगी मुझ को
तोड़ दी परिंदे ने मगर कर के परवाज़

इस ज़िंदगी में हुआ दोज़ख़ हमें नसीब
जन्नत मिली तो माँगें गे उम्र-दराज़

ذہن الم ناساز

کردیا الفت نے ذہن الم ناساز
مرگ مرض ہے یہ کہتا ہے نباض

کس دیار میں آگیا ہوں معلوم نہیں
سنتی نہیں جہاں کسی کی کوئی آواز

آتش فراق میں جل رہاہوں کب سے
جب سے چلے گئے وہ ہوکر بے نیاز

سناٹے کی خموشی اچھی لگنے لگی مجھ کو
توڑ دی پرندے نے مگر کرکے پرواز

اس زندگی میں ہوا دوزخ ہمیں نصیب
جنت ملی تو مانگیں گے عمر دراز

चश्म-ए-दिल से देखें तो लगता है उजाला
रुख़्सार का रंग देखें तो लगते हैं नाराज़

दर्द उठता है और चुभन भी होती है
ज़ख़्म करता है दिल में जब चारा साज़

खुली रहती हैं आँखें देखने से उन को
देखता हूँ जब उन के देखने का अंदाज़

दोस्ती पर नहीं रहा अब एतिबार मुझे
बन गया है मेरा दुश्मन मेरा ही हमराज़

मिटा सके न कुफ़्र कहीं से काबा कलीसा
मसीहा फिर कोई आए करने मसीहाई एजाज़

अलम-Pain,Affliction.ज़हन-Mind. मर्ग-Deadly. मर्ज़-Disease.दयार-Territory Place.फ़िराक़-Separation.बे-नियाज़-Unconcered,Indifferent. रुख़्सार-Face,Complexion. चारा-साज़-Healer.कलीसा-Church.मसीहाई-एजाज़-Messiah's, Miracle. कुफ़्र-Blasphemy, Profanity. नब्बाज़-Expert at feeling pulse,Specialist diagnosis.

چشم دل سے دیکھیں تو لگتا ہے اجالا
رخسار کا رنگ دیکھیں تو لگتے ہیں ناراض

درد اٹھتا ہے اور چبھن بھی ہوتی ہے
زخم کرتا ہے دل میں جب چارہ ساز

کھلی رہتی ہیں آنکھیں دیکھنے سے ان کو
دیکھتا ہوں جب ان کے دیکھنے کا انداز

دوستی پر نہیں رہا اب اعتبار مجھے
بن گیا میرا دشمن میرا ہی ہمراز

مٹا سکے نہ کفر کہیں سے کعبہ و کلیسا
مسیحا پھر کوئی آئے کرنے مسیحائی اعجاز

نباضexpert at feeling the specialisation diagnosis، المpain affection،
ذہنmind، مرگDeadly، مرضdisease، دیار:territory place، فراقseparation،
بے نیازunconcerned indifferent، رُخسار:face complexion، چارہ سازhealer،
کلیساchurch، مسیحائی اعجازmessiah's miracle، کفر:blasphemy profanity

रात जागती है

तेरे गैसू खुलने से जागती है रात
तेरी निक़ाब उठने से चाँद चमकता है

तेरी आँखों में झाँकने से होता है नशा
लड़खड़ाते है पाओं और दिल बहकता है

तेरे हसीं लबों पर खिलता है लाला-ओ-गुल
नींद की माती नज़रों में मए-कदा छलकता है

तेरे बाल हवा में भर देते हैं महक
और अब्र में रंग-ए-सियाह रहता है

तेरे बदन से आती है ख़ुश-गवार ख़ुशबू
चमन तेरी ही जूस्तुजू में महकता है

رات جاگتی ہے

تیرے گیسو کھلنے سے جاگتی ہے رات
تیری نقاب اٹھنے سے چاند چمکتا ہے

تیری آنکھوں میں جھانکنے سے ہوتا ہے نشہ
لڑکھڑاتے ہیں پاؤں اور دل بہکتا ہے

تیرے حسیں لبوں پر کھیلتا ہے لالہ و گل
نیند کی ماتی نظروں میں میکدہ چھلکتا ہے

تیرے بال ہوا میں بھر دیتے ہیں مہک
اور ابر میں رنگ سیاہ رہتا ہے

تیرے بدن سے آتی ہے خوشگوار خوشبو
چمن تیری ہی جستجو میں مہکتا ہے

तेरी अंगड़ाई से करवट लेती हैं हवायें
और आसमान में भी मौसम बदलता है

तू झटकती है गीले गैसूओं को जब
जैसे बादलों से बरसात का पानी बरसता है

तेरे चेहरे ने गुलों को बख़्शी है हंसी
तेरा हुस्न बहारों में रंग भरता है

तू रुकती है तो ठहर जाता है ज़माना
तू चलती है तो वक़्त भी चलता है

आ जा मेरे गले लग जा इक बार
दिल तुझ से मिलने को तरसता है

निक़ाब-Veil. लाला-Tulip. मए-कदा-Liquor shop. करवट-To Turnside.अब्र-Cloud.जुस्तुजू- Search,Quest.

تیری انگڑائی سے کروٹ لیتی ہیں ہوائیں
اور آسمان میں بھی موسم بدلتا ہے

تو جھٹکتی ہے گیلے گیسوؤں کو جب
جیسے بادلوں سے برسات کا پانی برستا ہے

تیرے چہرے نے گلوں کو بخشی ہے ہنسی
تیرا حسن بہاروں میں رنگ بھرتا ہے

تو رکتی ہے تو ٹھہر جاتا ہے زمانہ
تو چلتی ہے تو وقت بھی چلتا ہے

آجا میرے گلے لگ جا اِک بار
دل تجھ سے ملنے کو ترستا ہے

نقاب veil، لالہ tulip، میکدہ Pub,liquor shop، کروٹ to turnside، ابر cloud، جستجو search quest

ख़ुदा

वक़्त अपनी है चाल चलता चलता ही रहे गा
न तू है रोक सकता न रोक सकता हूँ उस को मैं

ये हाथों की रेखाएं नहीं क़िस्मत की निशानी
मेरे हाथों में है ताक़त क़िस्मत अपनी लिखूँ गा मैं

तू मौत का है मालिक ज़िंदगी भी तू है देता
ये भ्रम फैला है रखा नहीं मानता तुझ को मैं

बच सकता नहीं है कोई इक बर जो हुआ है पैदा
न बचाया है तू ने किसी को न बचा सकता हूँ मैं

न है तेरा वजूद कोई न कुछ पैदा किया है तू ने
तेरे हाथों में नहीं है कुछ भी ऐसा सोचता हूँ मैं

خدا

وقت اپنی ہے چال چلتا چلتا ہی رہے گا
نہ تو ہے روک سکتا نہ روک سکتا ہوں اس کو میں

یہ ہاتھوں کی ریکھائیں نہیں قسمت کی نشانی
میرے ہاتھوں میں ہے طاقت قسمت اپنی لکھوں گا میں

تو موت کا ہے مالک زندگی بھی تو ہے دیتا
یہ بھرم پھیلا ہے رکھا نہیں مانتا تجھ کو میں

بچ سکتا نہیں ہے کوئی اک بار جو ہوا ہے پیدا
نہ بچایا ہے تو نے کسی کو نہ بچا سکتا ہوں میں

نہ ہے تیرا وجود کوئی نہ کچھ پیدا کیا ہے تو نے
تیرے ہاتھوں میں نہیں ہے کچھ بھی ایسا سوچتا ہوں میں

हरकत में है हर कोई गर्दिश-ए-दौराँ में है हरकत
हरकत से हूँ मैं जिंदा थमें हरकत तो मर जाऊँगा मैं

नहीं रहमत तेरी किसी पर वर्ना क्यूँ ये लोग रोते
कर सकता नहीं है तू कुछ कर सकता हूँ बहुत कुछ मैं

तेरी हस्ती नहीं है कोई तू ख़ुदा बना है बैठा
ऐ ख़लक़ फ़लक के मालिक तुझ से क़ाइल नहीं हूँ मैं

तू इंसाँ का है तसव्वुर इंसान ने बनाया तुझे
तेरे ख़ौफ़ में है इंसाँ नहीं ख़ौफ़ में हूँ मैं

माना कि मुनकिर हूँ मैं तेरे वजूद से
मोमिन नहीं हूँ गर काफ़िर नहीं हूँ मैं

तसव्वुर-Imagination, Idea.क़िस्मत-Fortune, Luck, Fate.हरकत-Motion.रहमत-Blessing.ख़ल्क़-Creation.फ़लक-Sky, Heaven.क़ाइल-Convinced.मुनकिर-Atheist,Disapproved.काफ़िर-Infidel.मोमिन-Believer,Faithful.ताक़त-Strength,

حرکت میں ہے ہر کوئی گردش دوراں میں ہے حرکت
حرکت سے ہوں میں زندہ تھمیں حرکت تو مر جاؤں گا میں

نہیں رحمت تیری کسی پر ورنہ کیوں یہ لوگ روتے
کر سکتا نہیں ہے تو کچھ کر سکتا ہوں بہت کچھ میں

تیری ہستی نہیں ہے کوئی تو خدا بنا ہے بیٹھا
اے خلق فلک کے مالک تجھ سے قائل نہیں ہوں میں

تو انساں کا ہے تصور انساں نے بنایا تجھے
تیرے خوف میں ہے انساں نہیں خوف میں ہوں میں

مانا کہ منکر ہوں میں تیرے وجود سے
مومن نہیں ہوں گر کافر نہیں ہوں میں

تصور imagination، قسمت fate luck fortune، حرکت motion، رحمت blessing
bounty، خلق creation mankind، فلک sky heaven، قائل convinced، منکر atheist
disapproved، کافر infidel، مومن believer faithful، طاقت strenght might

न घर न आशियाँ

न घर है अपना न आशियाँ कोई
अब जाए तो जाए कहाँ कोई

कोई चारा-ए-ग़म होता कोई नौहा गर मिलता
न दवा है कोई न दरमाँ कोई

किस के पास रोयें जा कर हम
न ज़मीं है अपनी ना आसमाँ कोई

कोई तो होता जिसे कह लेते अपना
सब हो गए पराए नहीं अपना कोई

ख़ुदा ने जाने क्यूँ रखा है जिंदा
वर्ना जीने की तमन्ना है कहाँ कोई

हाल-ए-दिल सुनता अगर होता कोई हबीब
अब किस से करे राज़-ए-अफ़शाँ कोई

نہ گھر نہ آشیاں

نہ گھر ہے اپنا نہ آشیاں کوئی
اب جائے تو جائے کہاں کوئی

کوئی چارہء غم ہوتا کوئی نوحہ گر ملتا
نہ دوا ہے کوئی نہ درماں کوئی

کس کے پاس روئیں جا کر ہم
نہ زمیں ہے اپنی نہ آسماں کوئی

کوئی تو ہوتا جسے کہہ لیتے اپنا
سب ہوگئے پرائے نہیں اپنا کوئی

خدا نے جانے کیوں رکھا ہے زندہ
ورنہ جینے کی تمنا ہے کہاں کوئی

दुआ कैसे लगे गी हम काफ़िरों की
ख़ुदा दिल में नहीं जब पिन्हा कोई

हम भी इज़हार-ए-मोहब्बत कर ही देते
कहने को मिल जाती अगर ज़बाँ कोई

चेहरे पे नज़र आती है सुहानी ख़ामोशी
दिल में उठ रहा है तूफ़ान कोई

बहार-ए-गुल नहीं खिलते जिस गुलिस्ताँ में
क्यूँ न कर दे गुलशन वीराँ कोई

वो दिन गए जब कोई आरज़ू थी
अब कहाँ रह गए हैं अरमाँ कोई

आशियाँ-Nest,Abode,Residence.चारा-Remedy, Cure.नौहा-गर-Mourner who Laments. दरमाँ-Remedy,Cure.हबीब-Friend, Love One.राज़-अफ़शाँ-Disclosure of secret.पिन्हा-Latent, Hidden.इज़हार-Disclosure.आरज़ू-Desire ,Wish.

حال دل سناتے اگر ہوتا کوئی حبیب
اب کہاں سے لے آئیں ہم رازداں کوئی

دعا کیسے لگے گی ہم کافروں کی
خدا دل میں نہیں جب پنہاں کوئی

ہم بھی اظہار محبت کر ہی دیتے
کہنے کو مل جاتی اگر زباں کوئی

چہرے پر نظر آتی ہے سہانی خاموشی
دل میں اٹھ رہا ہے طوفا ن کوئی

بہارِ گل نہیں کھلتے جس گلستاں میں
کیوں نہ کردے گلشن ویراں کوئی

وہ دن گئے جب کوئی آرزو تھی
اب کہا ں رہ گئے ہیں ارماں کوئی

آشیاں: nest abode residence، چارہ: remedy cure، نوحہ گر: mourener wholaments، درماں: remedy cure، حبیب: friend loved one، پنہاں: latent hidden، اظہار: disclosure، آرزو: desire wish، رازداں Confident

टुकड़े टुकड़े दिल

टुकड़े टुकड़े दिल के जब हम करने लगे
दिल में देखा तुझ को हाथ रुकने लगे

ख़ामोश रह कर भी ये दिल रोने लगा
दिल को जब तुम से जुदा करने लगे

हम तो मर ही जाते ले कर रुसवाई
तू ने रोक लिया जब हम मरने लगे

घर से निकले थे हम मस्जिद की जानिब
राह में मिले तुम तो सजदा करने लगे

पेड़ काटते वक़्त तेरा दिल क्यूँ न दहला
शजर के साथ जब आशियाँ भी गिरने लगे

ज़ीस्त को समझ लिया जिन्हों ने आख़िरी मंजिल
मौत के तसव्वुर से वो लोग डरने लगे

ٹکڑے ٹکڑے دل

ٹکڑے ٹکڑے دل کے جب ہم کرنے لگے
دل میں دیکھا تجھ کو ہاتھ رکنے لگے

خاموش رہ کر بھی یہ دل رونے لگا
دل کو جب تم سے جدا کرنے لگے

ہم تو مر ہی جاتے لے کر رسوائی
تو نے روک لیا جب ہم مرنے لگے

گھر سے نکلے تھے ہم مسجد کی جانب
راہ میں ملے تم تو سجدہ کرنے لگے

پیڑ کاٹتے وقت تیرا دل کیوں نہ دہلا
شجر کے ساتھ آشیاں بھی جب گرنے لگے

زیست کو سمجھ لیا جنہوں نے آخری منزل
موت کے تصور سے وہ لوگ ڈرنے لگے

इश्क़ की आग में जल कर देख लिया
अब हिज्र की आग में भी जलने लगे

जिन्हों ने दर्द दे कर मारा हम को
वही हमारे जीने की दुआ हैं करने लगे

उस शोख़ नाज़नीन की ख़ुश-ख़राम बिगड़ गई
हमें देखते ही उस के क़दम उखड़ने लगे

एतिबार करें किस पर एतिमाद है टूट गया
अपने भी हम को बेगाने हैं लगने लगे

ज़मीन हिल गई ज़ोर का ज़लज़ला आया
मुदत के बिछ्ड़े हुए दिल जब मिलने लगे

ये दिल हो गया उन पर फ़ौरन फ़िदा
मोहब्बत की नज़र से जब हमें देखने लगे

रुसवाई-Infamy, Disgrace,Disrepute.जानिब-To wards, In the direction.सजदा-Prostration, Adore.दहला(दहलन)-Bescared, Shocked, Shivered.शजर-Tree.आशियाँ-Nest.ज़िस्त-Life, Existence. तसव्वुर-Imagination. हिज्र-Sepration. एतिमाद-Faith,Trust,Confidence.नाज़नीन-Delicate person.ख़ुश-ख़राम-Walking elegantly,Walking with graceful gait.फ़िदा-Sacrifice.ज़लज़ला-Earthquake.

عشق کی آگ میں جل کر دیکھ لیا
اب ہجر کی آگ میں بھی جلنے لگے

جنہوں نے درد دیکر مارا ہم کو
وہی ہمارے جینے کی دعاہیں کرنے لگے

اُس شوخ نازنین کی خوش خرام بگڑ گئی
ہمیں دیکھتے ہی اس کے قدم اکھڑنے لگے

اعتبار کریں کس پر اعتماد ہے ٹوٹ گیا
اپنے بھی ہم کو بیگانے ہیں لگنے لگے

زمیں ہل گئی زور کا زلزلہ آیا
مدت کے بچھڑے ہوئے دل جب ملنے لگے

یہ دل ہوگیا اُن پر فوراً فدا
محبت کی نظر سے جب ہمیں دیکھنے لگے

---

to wards in the directionجانب، infamy disgrace disreputeرسوائی
nestآشیاں، treeشجر، bescared shocked shiveredدہلا، prostraion adoreسجدہ،
faith trustاعتماد، separation ہجر، imaginationتصور، life existence زیست،
walking elegantly walkingخوش خرام، delicate person:نازنین، confidence
earthquake:زلزلہ، sacrificeفدا، with graceful gait

ख़ुदा हाज़िर है

जो भी कोई है उस में ख़ुदा हाज़िर है
फिर मैं कैसे काफ़िर हूँ बुत कैसे काफ़िर हैं

कई रूप हैं उस के जिन में समाया है
हर दिल में मुज़्मिर है हर सू वो बाहर है

रंग-बिरंग है वो कई भेस हैं बना रखे
ईमाँ से देखो अगर नज़र आता वो ज़ाहिर है

क्या क्या है बनाया उस ने पाताल फ़लक धरती पर
बे-हिसाब हैं शाहकार उस के वो कितना माहिर है

हवा पानी ज़मीं पर्बत मयस्सर किए हैं उस ने
इंसाँ को चाहिए जो भी वो सब कुछ वाफ़िर है

ज़िंदगी दी हम को जहान-ए-मंज़र देखने को
सजदा करो उस को जो कायनात का क़ादिर है

करीम है रहीम है पालता है वो सब को
सब का दाता है हर एक का नासिर है

काफ़िर-Infidel,मुज़मर-Hidden,सू-Direction,फ़लक-Sky,शाह-कार- Master piece , माहिर-Expert. मयस्सर-Available वाफ़िर-Abundant, plentiful मंज़र-Sight, scene. सजदा-prostrate, Adore कायनात-Universe. क़ादिर-Almighty creator. करीम-Merciful, Generous.रहीम-Merciful, Compassionate.नासिर-Helper, Ally.

خدا حاضر ہے!

جو بھی کوئی ہے اُس میں خدا حاضر ہے
پھر میں کیسے کافر ہوں بت کیسے کافر ہے

کئی روپ ہیں اُس کے جن میں سمایا ہے
ہر دل میں مضمر ہے ہر سُو وہ باہر ہے

رنگ برنگ ہے وہ کئی بھیس ہیں بنا رکھے
ایماں سے دیکھو اگر نظر آتا وہ ظاہر ہے

کیا کیا ہے بنایا اُس نے پاتال فلک دھرتی پر
بے حساب ہیں شاہکار اُس کے وہ کتنا ماہر ہے

ہوا پانی زمیں پربت میسر کیے ہیں اُس نے
اِنساں کو چاہیئے جو بھی وہ سب کچھ وافر ہے

زندگی دی ہم کو جہانِ منظر دیکھنے کو
سجدہ کرو اُس کو جو کائنات کا قادر ہے

کریم ہے رحیم ہے وہ پالتا ہے سب کو
سب کا داتا ہے ہر ایک کا ناصر ہے

کافر infidel، مضمر hidden، سو direction، فلک sky، شاہکار masterpiece، ماہر expert skilful، وافر: abundent plentiful ample منظر sight view scene spectacle، سجدہ adore prostrate، کائنات creation universe، قادر almighty god creator، کریم generous merciful، رحیم compassionate merciful، ناصر helper ally عطا Bestow, Gift,Confer

शगूफ़ा खिल रहा है

जैसे कोई शगूफ़ा गुलशन में खिल रहा है
दिल किसी का दिल से मिल रहा है

मैं तो तन्हा ही चल रहा था मगर
कोई आ रहा है साथ मिल रहा है

मुझ को पहले कभी इतनी बेताबी न थी
कोई है जो मेरी ज़िंदगी बदल रहा है

किसी का हो गया है मुझ पर असर
नज़र आता है वो ख़यालों में पल रहा है

बात बढ़ाता नहीं और बयाँ भी नहीं करता
उतरता जा रहा है दिल में ढल रहा है

شگوفہ کھِل رہا ہے

جیسے کوئی شگوفہ گلشن میں کھِل رہا ہے
دل کسی کا دل سے مل رہا ہے

میں تو تنہا ہی چل رہا تھا مگر
کوئی آ رہا ہے ساتھ مل رہا ہے

مجھ کو پہلے کبھی اِتنی بیتابی نہ تھی
کوئی ہے جو میری زندگی بدل رہا ہے

کسی کا ہو گیا ہے مجھ پر اثر
نظر آتا ہے وہ خیالوں میں پل رہا ہے

بات بڑھاتا نہیں اور بیاں بھی نہیں کرتا
اُترتا جا رہا ہے دل میں ڈھل رہا ہے

अजनबी है मगर अपना सा लगता है वो
आहिस्ता आहिस्ता उल्फ़त का दिया जल रहा है

खो रहा है धीरे धीरे कोई वजूद अपना
शमा की तरह जल कर पिघल रहा है

हिचकी अटक गई है किसी के हलक़ में
वो बन्दा अपनी ज़िंदगी से घुल रहा है

अजीब हादसा है मगर है ज़िंदगी की हक़ीक़त
कोई बिछड़ रहा है कोई रल रहा है

शगूफ़ा-Bud,Blossom. गुलशन-Garden. तन्हा-Alone. उल्फ़त-Love, Affection. वजूद-Existence. शमा- Candle, lamp. हलक़-Throat.

اجنبی ہے مگر اپنا سا لگتا ہے وہ
آہستہ آہستہ اُلفت کا دِیا جل رہا ہے

کھو رہا ہے دھیرے دھیرے کوئی وجود اپنا
شمع کی طرح جل کر پگھل رہا ہے

ہچکی اٹک گئی ہے کسی کے حلق میں
وہ بندہ اپنی زندگی سے گھل رہا ہے

عجیب حادثہ ہے مگر ہے زندگی کی حقیقت
کوئی بچھڑ رہا ہے کوئی رل رہا ہے

شگوفہ blossom bud، گلشن garden، تنہا alone، اُلفت affection love، وجود existence، شمع candle lamp، حلق throat

हमारा भी हमराज़ होता

हमारा भी हमराज़ होता कोई हमारा भी दिलदार होता
जिसे हम मिलने जाते उसे भी हमारा इंतिज़ार होता

इस दिल को मना लेते तो होते न हम रुस्वा
न किसी से इश्क़ करते न किसी से इंकार होता

साहिल पर खड़ा कोई उस पार से सदा देता
हम डूब कर मर जाते जो न दरिया पार होता

हमारी भी किसी को कभी तो आरज़ू होती
हमारी भी जुस्तुजू में वो भी बेज़ार होता

इल्ज़ाम दो गे मुझ को ही कभी ये न था सोचा
अगर तुम को मोहब्बत होती तो क्यूँ तकरार होता

चले जाते कहीं दूर हम किसी दश्त-ए-सेहरा में
न कोई आ के रोता जहाँ अपना मज़ार होता

ہمارا بھی ہمراز ہوتا

ہمارا بھی ہمراز ہوتا کوئی ہمارا بھی دلدار ہوتا
جسے ہم ملنے جاتے اسے ہمارا بھی انتظار ہوتا

اس دل کو منا لیتے تو ہوتے نہ ہم رسوا
نہ کسی سے عشق کرتے نہ کسی سے انکار ہوتا

ساحل پر کھڑا کوئی اس پار سے صدا دیتا
ہم ڈوب کر مر جاتے جو نہ دریا پار ہوتا

ہماری بھی کسی کو کبھی تو آرزو ہوتی
ہماری بھی جستجو میں وہ بھی بیزار ہوتا

الزام دو گے مجھ کو ہی کبھی یہ نہ تھا سوچا
اگر تم کو محبت ہوتی تو کیوں تکرار ہوتا

چلے جاتے دور کہیں ہم کسی دشت صحرا میں
نہ کوئی آکے روتا جہاں اپنا مزار ہوتا

हम काँटों के साथ रहते अगर गुल भी साथ होते
उस से महक तो आती गो वो गुल-ए-ख़ार होता

इस शहर-ए-अजनबी में नज़र आते हैं अजनबी चेहरे
इस ता-हद-ए-बयाबाँ में कोई दयार होता

जब दिल में था खोट तो क्यूँ ढूँढ़ता रहा बहाना
मुझ को बे-क़रार कर के वो भी बे-क़रार होता

दर्द था जो दिल में ये दर्द था बे-दरमाँ
ये दर्द कभी न होता अगर तीमार-दार होता

किसी नूर-ए-पैकर की झलक हम को दे गई दिखाई
हम समझते कि ख़ुदा है देखा अगर तेरा रुख़्सार होता

हमराज़-Confident. दिलदार-Sweetheart,Beloved.रुसवा-Be digraced, Infamy.सदा-Call. आरज़ू-Desire, Wish. जुस्तुजू-Quest,Search. बेज़ार-Disgusted,Chagrined,Sick.तकरार-Quarrel, Altercation.दश्त-Desert,Arid Plain.सेहरा-Desert.गुल-Flower. ख़ार-Thorn. ता-हद-As far as, Up to boundary. दयार-House,Region,territory.खोट-Impurity,Deceit.बे-दरमाँ-Incurable. तीमार- दार-One who Cures patient,Nurse, Doctor. नूर-पैकर-Illuminating body, Luminous body. रुख़्सार- Face.

ہم کانٹوں کے ساتھ رہتے اگر گل بھی ساتھ ہوتے
اس سے مہک تو آتی گو وہ گل خار ہوتا

اس شہر اجنبی میں نظر آتے ہیں اجنبی چہرے
اِس تاحد بیاباں میں کوئی دیار ہوتا

جب دل میں تھا کھوٹ تو کیوں ڈھونڈتا رہا بہانہ
مجھ کو بیقرار کر کے وہ بھی بیقرار ہوتا

درد تھا جو دل میں یہ درد تھا بے درماں
یہ درد کبھی نہ ہوتا اگر تیماردار ہوتا

کسی نور پیکر کی جھلک ہم کو دے گئی دکھائی
ہم سمجھتے کہ خدا ہے دیکھا اگر تیرا رخسار ہوتا

ہمراز confident، دلدار sweetheat beloved، رسوا be disgraced infamy، صدا call، آرزو desire wish، جستجو: quest search، بیزار disgusted chagrined sick، تکرار quarrel altercation، دشت desert arid plain، صحرا desert، گل flowers، خار thorn، تاحد: as far as up boundary until thelimit، دیار house region، territory، کھوٹ impurity deceit، بے درماں incurable، تیماردار who cares patient healer,nurse,doctor، نورپیکر luminuous body,illuminating body، رخسار face

अजनबी

हम अजनबी थे सब ज़िंदगी मिलने से पहले
कुछ देर का है साथ मरने से पहले

हो जाएँ गे अजनबी मर जाने के बाद
हम अजनबी थे जैसे यहाँ आने से पहले

हम जीते हैं तन्हा जाते भी हैं तन्हा
हम थे भी तन्हा इस ज़ीस्त से पहले

हम ख़ाक ही थे हो जाएं गे ख़ाक
हम ख़ाक ही हैं ख़ाक होने से पहले

ये ज़िंदगी है फ़ानी कब हो जाए ख़त्म
रहते हैं हम जिंदा सांस निकलने से पहले

اجنبی

ہم اجنبی تھے سب زندگی ملنے سے پہلے
کچھ دیر کا ہے ساتھ مرنے سے پہلے

ہو جائیں گے اجنبی مرجانے کے بعد
ہم اجنبی تھے جیسے یہاں آنے سے پہلے

ہم جیتے ہیں تنہا جاتے بھی ہیں تنہا
ہم تھے بھی تنہا زیست ملنے سے پہلے

ہم خاک ہی تھے ہو جائیں گے خاک
ہم خاک ہی ہیں خاک ہونے سے پہلے

یہ زندگی ہے فانی کب ہو جائے ختم
رہتے ہیں ہم زندہ سانس نکلنے سے پہلے

इश्क़ करते हैं ख़ुदा से इंसाँ से नफ़रत
समझ इश्क़ की न आई इश्क़ करने से पहले

ज़िंदगी जीने का मज़ा लेता है वो शख़्स
हयात को जान ले जो जीने से पहले

हमारा वजूद क्या होगा वफ़ात पाने के बाद
हमारा वजूद अब क्या है बिखरने से पहले

तन्हा-Alone.ज़िस्त-Life Existance. ख़ाक-Dust Earth. फ़ानी-Mortal.हयात-Life Existance.वफ़ात-Death,Demise.

عشق کرتے ہیں خدا سے اَنساں سے نفرت
سمجھ عشق کی نہ آئی عشق کرنے سے پہلے

زندگی جینے کا مزہ لیتا ہے وہ شخص
حیات کو جان لے جو جینے سے پہلے

ہمارا وجود کیا ہوگا وفات پانے کے بعد
ہمارا وجود اب کیا ہے بکھرنے سے پہلے

تنہا alone ،زیست existence ،life خاک earth dust فانی mortal: حیات life
existence ،وفات death demise

बटवारा

आज़ादी मिलने का फ़ख़्र था
शहरी मुस्तक़बिल से बे-ख़बर था
लूट मार थी मची
हर बन्दा दर-ब-दर था
भड़की हुई फ़ज़ा थी
चारों तरफ़ डर था
लोग थे घबराए हुए
सहमा हुआ बशर था
बाज़ार सब बंद थे
बैठा हर कोई घर था
दरीचों से सुनते थे
हो रहा जो नश्र था
आग-ज़नी का महोल था
जल रहा किसी का घर था
बे-आबरु हो रही थीं औरतें
मुतासिबतों ने मचाया ग़दर था
क़त्ल हो रहे थे आदमी
ज़र्रा ज़र्रा लहू से तर था
मर रहे थे बे-गुनाह
कटा हुआ किसी का सर था

بٹوارا

آزادی ملنے کا فخر تھا
شہری مستقبل سے بے خبر تھا
لُوٹ مار مچی تھی
ہر بندہ در بدر تھا
بھڑکی ہوئی فضا تھی
چاروں طرف ڈر تھا
لوگ تھے گھبرائے ہوئے
سہما ہوا بشر تھا
بازار سب بند تھے
بیٹھا ہر کوئی گھر تھا
دریچوں سے سنتے تھے
ہو رہا جو نشر تھا
آگ زنی کا ماحول تھا
جل رہا کسی کا گھر تھا
بے آبرو ہو رہی تھیں عورتیں
متعصبوں نے مچایا غدر تھا
قتل ہو رہے تھے آدمی
ذرہ ذرہ لہو سے تر تھا
مر رہے تھے بے گناہ
کٹا ہوا کسی کا سر تھا

ख़ून से लत-पत
पड़ा हुआ किसी का धड़ था
हिजरत कर रहे थे अवाम
हर सू क़ाफ़िला आता नज़र था
इंसाँ बन गया था शैतान
लगता जानवर से बद-तर था
ख़ुदा का न ख़ौफ़ था
न किसी का असर था
आज़ादी की ये तस्वीर थी
बटवारे का ये मंज़र था
फ़िर्क़ा-परस्ती का जोर था
नारा बाज़ी का शोर था
आफ़ात का वक़्त था
अज़ीयतों भरा सफ़र था
मौत खड़ी थी सामने
जैसे रोज-ए-हश्र था
आज़ादी मिल गई मगर
साथ आया उस का क़हर था

बटवारा-Partiton. मुस्तक़बिल-Future. फ़ज़ा-Atmosphere.बशर-Man.नशर-Broadcasting, Spreading.हिजरत-Migration.सू-Direction. आफ़ात - Calamities.अज़ीयत-Suffering. रोज़-ए- हश्र- Doomsday. मुतासिब-Bigoted.

خون سے لت پت
پڑا ہوا کسی کا دھڑ تھا
ہجرت کر رہے تھے عوام
ہر سو قافلہ آتا نظر تھا
انساں بن گیا تھا شیطان
لگتا جانور سے بدتر تھا
خدا کا نہ خوف تھا
نہ کسی کا اثر تھا
آزادی کی یہ تصویر تھی
بٹوارے کا یہ منظر تھا
فرقہ پرستی کا زور تھا
نعرہ بازی کا شور تھا
آفات کا وقت تھا
اذیتوں بھرا سفر تھا
موت کھڑی تھی سامنے
جیسے روز حشر تھا
آزادی مل گئی مگر
ساتھ آیا اس کا قہر تھا

بٹوارا partition، مستقبل future، فضا atmosphere، بشر :man، نشر broadcasting spreading of rumour، ہجرت migration، سُو direction، آفات calamities، روز حشر doomsday، متعصب bigotted

नया पयाम

वक़्त-ए-सहरी से सदा आई
ले कर नया है पयाम आई

आँख खोलो नींद से जागो
रात गई सुब्ह है आई

किरने बिखरने लगीं आसमाँ पर
रौशनी हर सू है जगमगाई

शबनम उड़ने लगी शाख़ों से
आफ़ताब देने लगा है दिखाई

निखार आने लगा गुलों पर
मन-मोहक उन की महक आई

बुलबुल गाने लगी है नग़मे
चमन मैं चिड़िया चहचहाई

نیا پیام

وقت سحری سے صدا آئی
لے کر نیا ہے پیام آئی

آنکھیں کھولو نیند سے جاگو
رات گئی صبح ہے آئی

کرنیں بکھرنے لگیں آسماں پر
روشنی ہر سو ہے جگمگائی

شبنم اڑنے لگی شاخوں سے
آفتاب دینے لگا ہے دکھائی

نکھار آنے لگا گلوں پر
منموہک ان کی مہک آئی

بلبل گانے لگی ہے نغمے
چمن میں چڑیا چہچہائی

पंछी हैं गुनगुनाने लगे
बाग़ों में नौ बहार आई

शफ़क़ उगने लगी फ़लक पर
अपने साथ नया रंग लाई

बाद-ए-सबा है चलने लगी
हवा हर तरफ़ है लहराई

गगन में है शोर मचा
गूँज देने लगी है सुनाई

इतना सोना अच्छा नहीं होता
आँखें खुलने से ज़िंदगी है आई

ये वक़्त है उठने का
कोई कर के दिखाओ कारवाई

सो लिया है बहुत तुम ने
कोई हलचल अब करो भाई

फ़लक-sky. बाद-ए-सबा-Morning Breeze. वक़्त-ए-सहरी -Day Break. सहरी-Morning, Dawn. सदा-Call, Sound. पयाम-Message. सू-Direction. शबनम-Dew. आफ़ताब-Sun.

پنچھی ہیں گنگنا نے لگے
باغوں میں نو بہار آئی

شفق اگنے لگی فلک پر
اپنے ساتھ نیا رنگ لائی

باد صبا ہے چلنے لگی
ہوا ہر طرف ہے لہرائی

گگن میں ہے شور مچا
گونج دینے لگی ہے سنائی

اتنا سونا اچھا نہیں ہوتا
آنکھیں کھلنے سے زندگی ہے آئی

یہ وقت ہے اُٹھنے کا
کوئی کرکے دکھاؤ کاروائی

سو لیا ہے بہت تم نے
کوئی ہلچل اب کرو بھائی

فلکsky، بادصباmorning breeze، وقتtime، سحریmorning dawn,day break، صداcall sound، پیامmessage، سُو:direction، شبنمdew، آفتابsun

दिल गिरीयाँ है रहता

चैन नहीं दिल को गिरीयाँ है रहता
सुलगता ही इस में इक अरमाँ है रहता

तूफ़ाँ से निकल कर भी जाएगा कहाँ
किनारा नहीं जब कोई बे-कराँ है रहता

फ़ुर्सत में भी उस को आराम नहीं
फ़ुरक़्त में ये जलता बरयाँ है रहता

जाने क्या ढूँड़ता रहता है ये
इक दर्द इस में निहाँ है रहता

हर पल तेरा रुख़्सार आता है नज़र
तू छिपाए तो भी उरियाँ है रहता

मेरी हस्ती रखी है किस ने जिंदा
कौन मेरे दिल में पिन्हा है रहता

तस्वीर-ए-यार से हो जाती है रौनक़
वर्ना ये घर तो बयाबाँ है रहता

गिरीयाँ-Weeping. बे-कराँ-Shoreless. फ़ुर्सत-Leisere. फ़ुरक़्त-Separation. बरयाँ-Parched,Broiled,Grilled,Roasted. निहाँ -Hidden,Concealed. रुख़्सार-Face, Countenance. उरियाँ-Bare, Exposed,Nude. हस्ती-Existance,Being. पिन्हा-Hidden, Cancealed.

دل گریاں ہے رہتا

چین نہیں دل کو گریاں ہے رہتا
سلگتا ہی اس میں اک ارماں ہے رہتا

طوفاں سے نکل کر بھی جائے گا کہاں
کنارا نہیں جب کوئی بیکراں ہے رہتا

فرصت میں بھی اس کو آرام نہیں
فرقت میں یہ جلتا بریاں ہے رہتا

جانے کیا ڈھونڈتا رہتا ہے یہ
اک درد اس میں نہاں ہے رہتا

ہر پل تیرا رخسار آتا ہے نظر
تو چھپائے تو بھی عریاں ہے رہتا

میری ہستی رکھی ہے کس نے زندہ
کون میرے دل میں پنہاں ہے رہتا

تصویر یار سے ہو جاتی ہے رونق
ورنہ یہ گھر تو بیاباں ہے رہتا

گریاں weeping، بیکراں shoreless، فرصت leisure، فرقت separation، بریاں parched broiled grilled roasted، نہاں hidden concealed، رخسار Face countenance، عریاں bare exposed nude، ہستی existence being، پنہاں hidden concealed

आवाज़-ए-फ़लक

नाम मेरा आवाज़ है
अज़ल से आग़ाज़ है
बजति हुई धुन हूँ
सदा-ए-फ़कॉं कुन हूँ
बर्क़ में गरजती हूँ
बादलों में बरसती हूँ
आब-शारों में रहती हूँ
नदियों में बहती हूँ
मैं इक ख़ुशबू हूँ
सब के रु-ब-रु हूँ
महकती शमीम हूँ
फ़ज़ा में मुक़ीम हूँ
हवाओं में गूँजती हूँ
ज़मीन पर घूमती हूँ
सर-सराहट हूँ सर-सराती हूँ
छु कर गुज़र जाती हूँ
धड़कन में बोलती हूँ
शाख़ौं में डोलती हूँ
मुझे सिर्फ़ सुन सकते हो
साज-ए-सुर चुन सकते हो

آوازِ فلک

نام میرا آواز ہے
ازل سے آغاز ہے
بجتی ہوئی دھن ہوں
صدائے فکاں کن ہوں
برق میں گرجتی ہوں
بادلوں میں برستی ہوں
آبشاروں میں رہتی ہوں
ندیوں میں بہتی ہوں
میں ایک خوشبو ہوں
سب کے روبرو ہوں
مہکتی شمیم ہوں
فضا میں مقیم ہوں
ہواؤں میں گونجتی ہوں
زمین پر گھومتی ہوں
سرسراہٹ ہوں سرسراتی ہوں
چھو کر گزر جاتی ہوں
دھڑکن میں بولتی ہوں
شاخوں میں ڈولتی ہوں
مجھے صرف سن سکتے ہو
سازِ سرچن سکتے ہو

तरन्नुम तरंग हूँ
राग के संग हूँ
मैं इक आहंग हूँ
मैं कैसी आवाज़ हूँ
किस की आवाज़ हूँ
ये जान सकते हो
ये पहचान सकते हो
मैं हाथ नहीं आ सकती
मैं साथ नहीं जा सकती

मोहब्बत वालों की चाह हूँ
जिंदा रखने की राह हूँ
मैं पकड़ी नहीं जा सकती
मैं जकड़ी नहीं जा सकती
मेरा जिस्म नहीं जान नहीं
मुझे देखना आसान नहीं
मेरा वजूद एहसास में है
धड़कन और अन्फ़ास में है

मैं नूर-ए-पैकर हूँ
अंदर हूँ बाहर हूँ
साँसों की सदा हूँ
बहती हुई बक़ा हूँ

ترنم ترنگ ہوں
راگ کے سنگ ہوں
میں کیسی آواز ہوں
کس کی آواز ہوں
یہ جان سکتے ہو
یہ پہچان سکتے ہو
میں ساتھ نہیں آسکتی
میں ساتھ نہیں جاسکتی

محبت والوں کی چاہ ہوں
زندہ رکھنے کی راہ ہوں
میں پکڑی نہیں جاسکتی
میں جکڑی نہیں جاسکتی
میرا جسم نہیں جان نہیں
مجھے دیکھنا آسان نہیں
میرا وجود احساس میں ہے
دھڑکن اور انفاس میں ہے

میں نور پیکر ہوں
اندر ہوں باہر ہوں
سانسوں کی صدا ہوں
بہتی ہوئی بقا ہوں

कायनात से इब्तिदा हूँ
हर ज़र्रा में ज़ीया हूँ
अदम से क़ाएम हूँ
क़ुदरत का पयाम हूँ
गर्दिश में क़याम हूँ
मैं इक आवाज़ हूँ
ज़िंदगी का साज़ हूँ
न रूप हूँ
न रंग हूँ
ब्रह्मंणड का अंग हूँ
आवाज़-ए-फ़लक हूँ
सदाये ख़ालिक़ हूँ

अज़ल-Origin, Beginning.आग़ाज़-Beginning, Start.सदा-Sound,Call.कुन-फ़कान, फ़कान-कुन-Universe, All creation.बर्क़-Lighting.आबशार-Water fall.रु-ब-रु-Face to Face. शमीम-Fragrance.मुक़ीम-Reside.शाख़-Branch, Bough. आहंग-Melody, Sound.कुर्रा-Sphere. क़याम-Stay, residence. अन्फ़ास-Breath. पैकर-Body, Emoodinent.बक़ा-Life,Existance.कायनात-Universe,Creation.इब्तिदा-Commencement,Beginning.अदम-Nothingness.ज़र्रा-Particle.

کائنات سے ابتدا ہوں
ہر ذرہ میں ضیا ہوں
عدم سے قائم ہوں
قدرت کا پیام ہوں
گردش میں قیام ہوں
میں ایک آواز ہوں
زندگی کا ساز ہوں
نہ روپ ہوں
نہ رنگ ہوں
برہمنڈ کا انگ ہوں
آواز فلک ہوں
صدائے خالق ہوں

ازل origin beginning،آغاز beginning start،صدا sound call،کن فکاں، فکاں
کن universe all creation،برق: lightning،آبشار waterfall،روبرو face to face،
شمیم: fragrant fragrance،مقیم reside، شاخ bough,branch، آہنگ melody
harmony,sound ،کرہ eternity sphere،قیام residence,stay ،انفاس breath ،
پیکر embodiment,body ،بقا life,existence،کائنات universe creation،ابتدا
commencement beginning،عدم since nothingness،ذرہ particle

शम्सी शरारा

मैं शम्सी शरारा हूँ तनवीर है मुझ में
उगती हुई सहर की तस्वीर है मुझ में

ख़ुदा ने दिए हैं हाथ पाओं होश मुझे
तकमील करने की तदबीर है मुझ में

गुल जो खिलते हैं बाग़ों में बयाबानों में
हर सू महकने की तासीर है मुझ में

बुलंदी और पस्ती ज़िंदगी में आती है रहती
तकसीर दुरुस्त करने की मशीर है मुझ में

सूफ़ पहन रखा है मगर दरवेश नहीं हूँ
है कबीर जहाँ वहाँ फ़क़ीर है मुझ में

شمسی شرارہ

میں شمسی شرارہ ہوں تنویر ہے مجھ میں
اگتی ہوئی سحر کی تصویر ہے مجھ میں

خدا نے دیئے ہیں ہاتھ پاؤں ہوش مجھے
تکمیل کرنے کی تدبیر ہے مجھ میں

گل جو کھلتے ہیں باغوں میں بیابانوں میں
ہر سو مہکنے کی تاثیر ہے مجھ میں

بلندی اور پستی زندگی میں آتی ہے رہتی
تقصیر درست کرنے کی مشیر ہے مجھ میں

صوف پہن رکھا ہے مگر درویش نہیں ہوں
ہے کبیر جہاں وہاں فقیر ہے مجھ میں

मैं अपना सर क्यूँ रखूँ तेरे पाओं पर
मेरी अना जिंदा है ज़मीर है मुझ में

मुफ़्लिस हो या काफ़िर या कोई हो मोमिन
इंसान को पाने की तसख़ीर है मुझ में

आशिक़ हूँ बहारों का रहता हूँ वीराने में
लोग समझते हैं कोई पीर है मुझ में

शम्शी-Solar. शरारा-Spark.तनवीर-Refulgence,Rays of light.सेहर-Dawn,Morning Day Break.तदबीर-Policy,Device,Arrangment, Plan.गुल-Flower.सू-Direction.बुलंदी-Tall, Hight, Elevated.पस्ती-Low.तक़सीर-Short coming, Fault, Defect,Guilt,Mistake. मशीर-Advisor counsellor .सूफ़-Woolen Cloth which soofi , Mystics wear.दरवेश-Saint.कबीर-Great,Immense.अना-Ego, Self.मुफ़्लिस-Poor. काफ़िर-Infidel. मोमिन-Believer,Faithful.तसख़ीर-Winning,Over People,Captivation of hearts. पीर-Saint, Spiritual guide. तकमील-completion.

میں اپنا سر کیوں رکھوں تیرے پاؤں پر
میری انا زندہ ہے ضمیر ہے مجھ میں

مفلس ہو یا کافر یا کوئی ہو مومن
انساں کو پانے کی تسخیر ہے مجھ میں

عاشق ہوں بہاروں کا رہتا ہوں ویرانے میں
لوگ سمجھتے ہیں کوئی پیر ہے مجھ میں

شمسی solar، شرارہ spark، تنویر refulgence rays of light، سحر dawn morning day، تدبیر policy device agreement plan، گل flower، سُو direction، بلندی tall، پستی low، تقصیر: mistake, guilt,short coming fault,defect، height elevated break، مشیر Counsellor,Advisor، صوف woolen cloath which soofi mystics wear، درویش saint، کبیر great immense، انا: ego self، مفلس poor، کافر infidel، مومن believer faithful، تسخیر winning over people captivation of hearts، پیر spiritual guide,saint

ख़्वाब

मैं ख़्वाब देखता हूँ
क्यूँ कि मेरे पास
सिवा ख़्वाब देखने के
कुछ और है ही नही
बीने के लिए
जीने के लिए

तुम कहते हो
ख़्वाब न देखा करो
ख़्वाब टूट जाते हैं
सराब ही दिखाते हैं
इन की कोई बुनियाद नहीं
होते ये आबाद नहीं

मगर फिर भी मैं
ख़्वाब देखता हूँ
क्यूँ कि ख़्वाब
मेरे दिल को भाते हैं
किसी सपनों की दुनिया
में ले जाते हैं

خواب

میں خواب دیکھتا ہوں
کیوں کہ میرے پاس
سوا خواب دیکھنے کے
کچھ اور ہے ہی نہیں
بِینے کے لئے
جینے کے لئے

تم کہتے ہو کہ
خواب نہ دیکھا کرو
خواب ٹوٹ جاتے ہیں
سراب ہی دکھاتے ہیں
ان کی کوئی بنیاد نہیں
ہوتے یہ آباد نہیں

مگر پھر بھی میں
خواب دیکھتا رہتا ہوں
کیوں کہ خواب
میرے دل کو بھاتے ہیں
کسی سپنوں کی دنیا
میں لے جاتے ہیں

ख़्वाब के बग़ैर
कुछ मिला ही नहीं
कहीं से मुझ को
अगर ख़्वाब भी न होते
तो ज़िंदगी आगे न बढ़ती
ये सांस भी न चलती

तुम कहते हो कि
ख़्वाब न देखा करो
तो बताओ कि कभी
किसी ने ख़ुदा
को भी देखा है
वो भी तो एक
ख़्वाब ही है
जिसे हम देखते हैं
अपने ज़हन में
ख़यालों में
दिल में रखते हैं
और उस की
इबादत करते हैं
राह-ए-रास्त चलते हैं
अगर ख़्वाब न होता

خواب کے بغیر
کچھ ملا ہی نہیں
کہیں سے مجھ کو
اگر خواب بھی نہ ہوتے
تو زندگی آگے نہ بڑھتی
یہ سانس بھی نہ چلتی

تم کہتے ہو کہ
خواب نہ دیکھا کرو
تو بتاؤ کہ کبھی
کسی نے خدا
کو بھی دیکھا ہے
وہ بھی تو ایک
خواب ہی ہے
جسے ہم دیکھتے ہیں
اپنے ذہن میں
خیالوں میں
دل میں رکھتے ہے
اور اس کی
عبادت کرتے ہیں
راہ راست چلتے ہیں
اگر خواب نہ ہوتا

लज़्ज़त-ए-ज़िंदगी न होती
जैसे ख़ुदा न होता
तो बंदगी न होती

ख़ुदा हो या ख़्वाब
वो ज़िंदगी का सहारा है
वसी सागर का किनारा है
हयात की तारीकी में
रास्ता दिखाने को
नज़र आता सितारा है
मुझ से मेरा
ख़्वाब मत छीनो
एक यही तो है
जो मेरा सरमाया है
यही तो है जो
मेरे हिस्से में आया है

जब ख़्वाब
टूट जाता है
उस के साथ
ये आदमी भी
टूट जाता है

لذت زندگی نہ ہوتی
جیسے خدا نہ ہوتا
تو بندگی نہ ہوتی

خدا ہو یا خواب
وہ زندگی کا سہارا ہے
وسیع ساگر کا کنارا ہے
حیات کی تاریکی میں
راستہ دکھانے کو
نظر آتا ستارہ ہے
مجھ سے میرا
خواب مت چھینو
ایک یہی تو ہے
جو میرا سرمایہ ہے
یہی تو ہے جو
میرے حصے میں آیا ہے

جب خواب
ٹوٹ جاتا ہے
اس کے ساتھ
یہ آدمی بھی
ٹوٹ جاتا ہے

उस का सब कुछ
छूट जाता है
उस के पास
फिर कुछ नहीं
रहता देखने को
बीने को
जीने को

अगर ख़्वाब भी
खो जाता है
तो आदमी ज़िंदगी से
बेज़ार हो जाता है
इस लिए
सपनों को सजाए रखना
अपनी दुनिया बसाये रखना
कश्मकश-ए-ज़िंदगी से दूर
ख़्वाबों को बनाए रखना
तुम अपना चिराग़ जलाए रखना

बीना-Look through eye sight. सराब-Mirage, Illusion.ज़हन-Mind, Mentalइबादत-Worship.लज़्ज़त-Joy, Pleasure, Delicious, Tasteful. हयात-Life. तारीकी-Darkness. राह-ए-रास्त-Straigth path, Good conduct. बेज़ार-Disgusted.

اس کا سب کچھ
چھوٹ جاتا ہے
اس کے پاس
پھر کچھ نہیں
رہتا دیکھنے کو
بینے کو

جینے کو
اگر خواب بھی
کھو جاتا ہے
تو آدمی زندگی سے
بیزار ہو جاتا ہے
اس لئے
سپنوں کو سجائے رکھنا
اپنی دنیا بسائے رکھنا
کشمکش زندگی سے دور
خوابوں کو بنائے رکھنا
تم اپنا چراغ جلائے رکھنا

---

mind mental ذہن، mirage illusion سراب، look through eyesight بینا
life حیات، joy,pleasure delicious tasteful لذت، worship عبادت، faculty
straight path good راہ راست، darkness obscurity تاریکی، existence
disgusted بیزار، look through eyesight بینا، conduct

तक़्सीम अगस्त 1947

हमवतनों हमनशीनों में क्यूँ तनाज़ा आ गया
देख कर क़त्ल-ए-आम मैं घबरा गया

ख़ून बहने लगा मुल्क की गलियों में
बटवारे का जब से एलान आ गया

किस ने नफ़रतें बो दीं हम में
हमारी मोहब्बत में जो मलाल आ गया

तू ग़ैरों के जाल में फंस गया
मैं ग़ैरों के फंदे में आ गया

न तेरा कुछ रहा न मेरा कुछ बचा
दोनों का घर दुश्मन जला गया

تقسیم-اگست 1947

ہموطنوں ہم نشینوں میں کیوں تنازعہ آ گیا
دیکھ کر قتل عام میں گھبرا گیا

خون بہنے لگا ملک کی گلیوں میں
بٹوارے کا جب سے علان آ گیا

کس نے نفرتیں بو دی ہم میں
ہماری محبت میں جو ملال آ گیا

تو غیروں کے جال میں پھنس گیا
میں غیروں کے پھندے میں آ گیا

نہ تیرا کچھ رہا نہ میرا بچا
دونوں کا گھر دشمن جلا گیا

सदियों से हम-साए थे हम सब
तक़्सीम का सवाल कहाँ से आ गया

मोहब्बत के पयाम ले कर हम आएँ
अक़्ल-मंद वही है जिसे होश आ गया

तू क़दम बढ़ा मैं भी आगे आऊँ
गले लग जाएँ वक़्त-ए-विसाल आ गया

हम-वतन- Fellow country men.हम-नशीं-Companion.तनाज़ा-Dispute, Quarrel.मलाल-Grief,Displeasure.हम- साए -Neighbour.वक़्त-विसाल-Time to unite, Time to union.

صدیوں سے ہمسائی تھے ہم سب
تقسیم کا سوال کہاں سے آگیا

محبت کا پیام لے کر ہم آئیں
عقلمند وہی ہے جسے ہوش آگیا

تو قدم بڑھا میں بھی آگے آؤں
گلے لگ جائیں وقت وصال آگیا

ہموطن fellow countrymen، ہم نشین companion، تنازعہ quarrel dispute، ملال grief displeasure، ہمسائی neighbour، وقتِ وصال time to unite time for union

पत्थर है देवता नहीं

मुहर बा-लब बैठा है कुछ बोलता वो नहीं
गूंगा तो नहीं मगर कुछ कहता वो नहीं

अन्फ़ास का आना जाना ही नहीं होती ज़िंदगी
ज़िंदा होता है इंसाँ मगर जीता वो नहीं

सहमा है इस क़दर कि ख़ामोश रहता है
आँसू पी जाता है और रोता वो नहीं

हर वक़्त राह तकता रहता था जो कभी
क्या ख़ता - हुई कि अब देखता वो नहीं

हालात बदलते हैं सोच और सोच बदलती है इंसाँ
आदमी जो सोचता नहीं कभी बदलता वो नहीं

پتھر ہے دیوتا نہیں

مہر بلب بیٹھا ہے کچھ بولتا وہ نہیں
گو نگا تو نہیں مگر کچھ کہتا وہ نہیں

انفاس کا آنا جانا ہی نہیں ہوتی زندگی
زندہ ہوتا ہے انساں مگر جیتا وہ نہیں

سہما ہے اس قدر کہ خاموش رہتا ہے
آنسو پی جاتا ہے اور روتا وہ نہیں

ہر وقت راہ تکتا رہتا تھا جو کبھی
کیا خطا ہوئی کہ اب دیکھتا وہ نہیں

حالات بدلتے ہیں سوچ اور سوچ بدلتی ہے انساں
آدمی جو سوچتا نہیں کبھی بدلتا وہ نہیں

ज़िंदगी का कारवाँ थम जाता है कई बार
चलता रहता है मगर कभी रुकता वो नहीं

बहुत सी दुश्वारियाँ आती हैं सफ़र-ए-हयात में
जूझता है जो उन से हारता वो नहीं

ख़्वाबों की दुनिया में रहता है जो बशर
रात को भी जागता है सोता वो नहीं

ले गया उस जगह पर जहाँ दश्त-ए-ग़ुबार है
इश्क़ जताता है वो मगर करता वो नहीं

जिस बुत को पूजते रहे ता उम्र हम
एक पत्थर ही तो है देवता वो नहीं

मुहर बा-लब – Silent , अन्फ़ास- Breathing , ख़ता- Fault , बशर- Human , दश्त - Desert , हयात - Life

زندگی کا کارواں تھم جاتا ہے کئی بار
چلتا رہتا ہے مگر کبھی رکتا وہ نہیں

بہت سی دشواریاں آتی ہیں سفر حیات میں
جوجھتا ہے جو ان سے ہارتا وہ نہیں

خوابوں کی دنیا میں رہتا ہے جو بشر
رات کو بھی جاگتا ہے سوتا وہ نہیں

لے گیا اس جگہ پر جہاں دشت غبار ہے
عشق جتاتا ہے وہ مگر کرتا وہ نہیں

جس بت کو پوجتے رہے تا عمر ہم
ایک پتھر ہی تو ہے دیوتا وہ نہیں

انفاس Breaths خطا Fault کارواں Carvan بشر Human دشت Desert

उगती सहर

हम ने सहर उगते हुए देखी है
हम ने शाम ढलते हुए देखी है

देखा है हम ने अब्र-ए-बहाराँ का मौसम
बादलों से धूप निकलते हुए देखी है

देखे हैं हम ने गुलशन में फूल खिलते
हम ने ख़रीफ़ आते हुए देखी है

वादी में देखा है बहुत सा सब्ज़ा
सेहरा में रेत उड़ते हुए देखी है

देखे हैं हम ने शजर पर आशियाँ बनते
हम ने चमन में अन्दलीब गाते हुए देखी है

देखे हैं हम ने मौजों के तलातुम
हम ने समुंदर में सफ़ीना डूबते हुए देखी है

देखे हैं हम ने तख़्त-नशीं होते सुल्तान
हम ने सल्तनत गिरते हुए देखी है

اگتی سحر

ہم نے سحر اگتے ہوئے دیکھی ہے
ہم نے شام ڈھلتے ہوئے دیکھی ہے

دیکھا ہے ہم نے ابر بہاراں کا موسم
بادلوں سے دھوپ نکلتے ہوئے دیکھی ہے

دیکھے ہیں ہم نے گلشن میں پھول کھلتے
ہم نے خریف آتے ہوئے دیکھی ہے

وادی میں دیکھا ہے بہت سا سبزہ
صحرا میں ریت اڑتے ہوئے دیکھی ہے

دیکھے ہیں ہم نے شجر پر آشیاں بنتے
ہم نے چمن میں عندلیب گاتے ہوئے دیکھی ہے

دیکھے ہیں ہم نے موجوں کے تلاطم
ہم نے سمندر میں سفینہ ڈوبتے ہوئے دیکھی ہے

دیکھے ہیں ہم نے تخت نشیں ہوتے سلطاں
ہم نے سلطنت گرتے ہوئے دیکھی ہیں

देखे हैं हम ने भीक मांगते हुए लोग
हम ने इस्मत बिकते हुए देखी है

देखा है हम ने दुनिया का चलन
इंसाँ की ज़हनीयत बदलते हुए देखी है

देखे हैं अमीर-ज़ादे ख़ुशियों से लदे हुए
हम ने मुफ़्लिसी में ज़ीस्त बिलकते हुए देखी है

देखा है हम ने कारवान-ए-वक़्त गुज़रते हुए
हम ने गर्दिश-ए-दौराँ चलते हुए देखी है

देखा है हम ने हयात का हर रंग
हम ने ज़िंदगी मरते हुए देखी है

देखा है हम ने तक़्सीम होते हए मुल्क
हिजरत करते लोग ख़ल्क़ क़त्ल होते हुए देखी है

ख़ुदा है या नहीं ख़ुदा ही जाने
कायनात की कारवाई चलते हुए देखी है

सहर-Morning, Dawn.अब्र-ए-बाराँ-Spring cloud.गुलशन-Garden.ख़रीफ़-Autumn. सब्ज़ा-Bloom green.सेहरा-Desert.शजर-Tree.आशियाँ-Nest,Abode.अनदलीब-Nightingale.मौजों-Waves.तलातुम-Storm. सफ़ीना-Boat, Ship, Vessel. तख़्त-नशीं-Ascend the throne. इस्मत-Chasitity. ज़हनीयत-Mentality.मुफ़्लिसी-Poverty,Pauperism. ज़िस्त-Life. गर्दिश-ए-दौराँ-Time cycle,Vicissitudes of fortune.हयात-Life Existence.कायनात-Universe, Creation.

دیکھے ہیں ہم نے بھیک مانگتے لوگ
ہم نے عصمت بکتے ہوئے دیکھی ہے

دیکھا ہے ہم نے دنیا کا چلن
انساں کی ذہنیت بدلتے ہوئے دیکھی ہے

دیکھے ہیں امیرزادے خوشیوں سے لدے ہوئے
ہم نے مفلسی میں زیست بلکتے ہوئے دیکھی ہے

دیکھا ہے ہم نے کاروان وقت گزرتے ہوئے
ہم نے گردش دوراں چلتے ہوئے دیکھی ہے

دیکھا ہے ہم نے حیات کا ہر رنگ
ہم نے زندگی مرتے ہوئے دیکھی ہے

دیکھا ہے ہم نے تقسیم ہوتا ہوا ملک
ہجرت کرتے لوگ خلق قتل ہوتے ہوئے دیکھی ہے

خدا ہے یا نہیں خدا ہی جانے
کائنات کی کاروائی چلتے ہوئے دیکھی ہے

سحر morning dawn، ابرِ بہاراں spring clouds، گلشن garden، خریف autumn، سبزہ
verdure bloom، صحرا desert، شجر tree، آشیاں: nest abode، عندلیب nightingale،
موجوں waves، تلاطم storm، سفینہ boat ship vessel، تخت نشیں ascend the thorne
power assume royal coronation، عصمت chastity، ذہنیت mentality، مفلسی
poverty pauperism، زیست life، گردش دوراں vicissitudes of time cycle
fortune، حیات life existence، کائنات: universe creation

मुझ को आज़ाद रहने दो

मुझ को आज़ाद रहने दो
अपने ढंग से जीने दो
मैं एक परिंदा हूँ
मुझ को तुम उड़ने दो
नीले आसमानों में
जंगलों बयाबानों में
पेड़ों की छाओं में
खेतों में गाँव में
सब्ज़ चरा-गाहों में
टेढ़ी मेढ़ी राहों में
शजर के आशियानों में
हरे भरे गुलिस्तानों में

मुझ को आज़ाद रहने दो
मुझ को भी देखने दो
पानी से बहते नालों को
गुलाब जैसी गालों को
गुल खिली शाख़ों को
झूमती हुई डालों को
चिड़ियों को चुगते हुए
कबूतरों को उड़ते हुए

مجھ کو آزاد رہنے دو

مجھ کو آزاد رہنے دو
اپنے ڈھنگ سے جینے دو
میں ایک پرندہ ہوں
مجھ کو تم اڑنے دو
نیلے آسمانوں میں
جنگلوں بیابانوں میں
پیڑوں کی چھاؤں میں
کھیتوں میں گاؤں میں
سبز چراگاہوں میں
ٹیڑھی میڑھی راہوں میں
شجر کے آشیانوں میں
ہرے بھرے گلستانوں میں

مجھ کو آزاد رہنے دو
مجھ کو بھی دیکھنے دو
پانی سے بہتے نالوں کو
گلاب جیسی گالوں کو
گل کھلی شاخوں کو
جھومتی ہوئی ڈالوں کو
چڑیوں کو چہکتے ہوئے
کبوتروں کو اڑتے ہوئے

घटाओं को बल खाते हुए
बादलों को बरसाते हुए
तारों को चमकते हुए
चाँद को निकलते हुए

मुझ को आज़ाद रहने दो
मुझ को भी कहने दो
दिल की सदा आने दो
आवाज़ को सुनाने दो
लोगों तक पहुँचाने दो
अपनी बात बताने दो
जो चाहता हूँ खाने दो
बंदिश कोई न आने दो
मेरे क़दम चलने दो
मंज़िल की जानिब बढ़ने दो
सब को हंस लेने दो
किसी को न रोने दो
फूलों को खिलने दो
चमन को महकने दो

मुझ को आज़ाद रहने दो
मुझ को ज़िंदगी मनाने दो

शजर-Tree.आशियाँ-Nest, Abode.सदा-Call, Sound, Voice. हयात-Life Existence.

گھٹاؤں کو بل کھاتے ہوئے
بادلوں کو برساتے ہوئے
تاروں کو چمکتے ہوئے
چاند کو نکلتے ہوئے

مجھ کو آزاد رہنے دو
مجھ کو بھی کہنے دو
دل کی صدا آنے دو
آواز کو سنانے دو
لوگوں تک پہنچانے دو
اپنی بات بتانے دو
جو چاہتا ہوں کھانے دو
بندش کوئی نہ آنے دو
میرے قدم چلنے دو
منزل کی جانب بڑھنے دو
سب کو ہنس لینے دو
کسی کو نہ رونے دو
پھولوں کو کھلنے دو
چمن کو مہکنے دو
مجھ کو آزاد رہنے دو
مجھ کو زندگی منانے دو

شجر tree، آشیانہ nest abode، صدا call sound voice، حیات life existence

बहार ले के आया

दर-ए-दस्तक ने या हवा ने खटखटाया है
कोई अजनबी है या जाना पहचाना आया है

किस के पाओं रखते ही चमक उठी फ़ज़ा
कोन है जो चिराग़ बन कर आया है

रौशनी फैल गई है चारों तरफ़ यक-दम
जैसे कोई चाँद कहीं से निकल आया है

शब-ए-तीरगी होती जा रही है नीम मधम
कोई तो रु-ए-माह सर-ए-बाम आया है

मुनव्वर हो गए हैं दर-ओ-दीवार घर के
शायद कोई सितारा आसमान से उतर आया है

नहीं रहा धुंदलका ग़ुबार का जो था छाया
अँधेरा मिट गया है उजाला चला आया है

किस के आने से है सेहन-ए-चमन खिल उठा
कौन है जो बहार ले के आया है

दर-ए-दस्तक-Knock at Door.फ़ज़ा-Environment,Atmosphere.शब-ए-तीरगी-Darkness of night.रु-ए-माह-Moon Face.सर-ए-बाम-Top of house.मुनव्वर-Illuminate, Lustrous.सेहन-चमन-Lawn, Garden in courtyard.

بہار لے کے آیا

در دستک نے یا ہوا نے کھٹکھٹایا ہے
کوئی اجنبی ہے یا جانا پہچانا آیا ہے

کس کے پاؤں رکھتے ہی چمک اٹھی فضا
کون ہے جو چراغ بن کر آیا ہے

روشنی پھیل گئی ہے چاروں طرف یک دم
جیسے کوئی چاند کہیں سے نکل آیا ہے

شب تیرگی ہوئی جا رہی ہے نیم مدھم
کوئی تو روئے ماہ سر بام آیا ہے

منور ہو گئے ہیں درو دیوار گھر کے
شاید کوئی ستارہ آسماں سے اتر آیا ہے

نہیں رہا دھندلکا غبار کا جو تھا چھایا
اندھیرا مٹ گیا ہے اجالا چلا آیا ہے

کس کے آنے سے ہے صحن چمن کھل اٹھا
کون ہے جو بہار لے کر آیا ہے

دِرِ دستک knock at the door، فضا environment، شب تیرگی darkness of night، روئے ماہ moon face، سرِ بام top of house، منور illuminate lustrous، صحن چمن lawn garden in courtyard

हम को आते देख

हम को आते देख कर उठ के वो चले
हम से न हुए मुख़ातिब रक़ीब के असर तले

अहमक़ के साथ मुनाक़शत भूल कर ना करे कोई
सुन कर बेहूदा बातें उतर नहीं पातीं गले

तारे नहीं हैं निकलते अमावस की शब में
मंज़िल की जानिब चल पड़े सर्द रात थी भले

हम जो उठ कर खड़े हुए हवा को हिला दिया
हवा भी उस तरफ़ चली जिस तरफ़ हम चले

चलता जाए चलता जाए क़दम रहें उस के गाम-ज़न
मंज़िल फिर दूर नहीं इरादा ले कर जो चले

ہم کو آتے دیکھ

ہم کو آتے دیکھ کر اٹھ کر وہ چلے
ہم سے نہ ہوئے مخاطب رقیب کے اثر تلے

احمق کے ساتھ مناقشت بھول کر نہ کرے کوئی
سن کر بیہودہ باتیں اتر نہیں پاتیں گلے

تارے نہیں ہیں نکلتے اماوس کی شب میں
منزل کی جانب چل پڑے سرد رات تھی بھلے

ہم جو اٹھ کھڑے ہوئے ہوا کو ہلا دیا
ہوا بھی اس طرف چلی جس طرف ہم چلے

چلتا جائے چلتا جائے قدم رہیں اس کے گامزن
منزل پھر دور نہیں ارادہ لے کر جو چلے

संग भी टकराते गए पाओं भी ज़ख़्मी होते रहे
बढ़ते गए आगे को साथ ले कर जो मिले

मर्द-ए-हिम्मत हो अगर मुश्किलें हल कर ले गा
जीत हो गई उसी की कोई रले न रले

ज़िंदगी की राह-गुज़र है ख़ार भरी कठन भी
मिलें गे ज़ख़्म भी आबले हों गे पाओं तले

दुनिया की सब दौलतें पास थीं हमारे यहाँ
जा रहे हैं छोड़ कर साथ कुछ न ले चले

मुख़ालिफ़- Person addressing another. रक़ीब-Rival. मुनाक़शत-Dispute. शब-Night. गाम-ज़न-Moving. संग- Stone. ख़ार-Thorn. आबले-Blisters.

سنگ بھی ٹکراتے گئے پاؤں بھی زخمی ہوتے رہے
بڑھتے گئے آگے کو ساتھ لے کر جو ملے

مرد ہمت ہو اگر مشکلیں حل کر لے گا
جیت ہوگی اسی کی کوئی رلے نہ رلے

زندگی کی راہگزر ہے خار بھری کٹھن بھی
ملیں گے زخم بھی آبلے ہوں گے پاؤں تلے

دنیا کی سب دولتیں پاس تھیں ہمارے یہاں
جا رہے ہیں چھوڑ کر ساتھ کچھ نہ لے چلے

مخاطب person addressing another، رقیب rival، مناقشت: dispute، شب night، گامزن moving، سنگ stone، خار thorn، آبلے blisters

वस्ल–ए-तमन्ना

उन के हाँ के पैग़ाम आने लगे हैं
कुफ़्र को भी सच कर बताने लगे हैं

अपना ग़म ले के पास गए थे उन के
वो अपनी ही दर्द-ए-दास्ताँ सुनाने लगे हैं

जानते हैं वो कि मुत्तफ़िक़ हैं हम से
जान बूझ कर मगर नुक्ता उठाने लगे हैं

उन को कुछ कहने की ज़रूरत न हुई
नाआशना चेहरा देख कर समझ जाने लगे हैं

जज़्बा-ए-दिल किसी से कब रहा है क़ाबू
मोहब्बत कर के हम पछताने लगे हैं

وصل تمنا

ان کے ہاں کے پیغام آنے لگے ہیں
کفر کو بھی سچ کر بتانے لگے ہیں

اپنا غم لے کے پاس گئے تھے ان کے
وہ اپنی ہی درد داستاں سنانے لگے ہیں

جانتے ہیں وہ کہ متفق ہیں ہم سے
جان بوجھ کر مگر نکتہ اٹھانے لگے ہیں

ان کو کچھ کہنے کی ضرورت نہ ہوئی
نا آشنا چہرہ دیکھ کر سمجھ جانے لگے ہیں

جذبۂ دل کسی سے کب رہا ہے قابو
محبت کر کے اب ہم پچھتانے لگے ہیں

मरते हैं देख कर उन का जमाल
जान ले गए और ख़ून बहाने लगे हैं

आरज़ू दबती भी नहीं और तकमील नहीं होती
हम वस्ल-ए-तमन्ना में मर जाने लगे हैं

लोग चले गए महफ़िल में कोई न था
हम आ कर बज़्म-ए-चिराग़ जलाने लगे हैं

किसी को न देखे अपनी ही तलाश करे
समझ आई तो ख़ुद को समझाने लगे हैं

हाँ-के-Yes, OK. पैग़ाम-Message, Communication. कुफ्र-Lies, Untruth.दास्ताँ-Story,Tale.मुत्तफ़िक़-Agree.ना-आशना-Unacquaint, Lacking love . जमाल-Elegance.आरज़ू-Wish,Desire.तकमील-Complete.वस्ल-ए-तमन्ना-Longing for uniting, Wishing to meeting.बज़्म-Social gathering.

مرتے ہیں دیکھ کر ان کا رخ جمال
جان لے گئے اور خون بہانے لگے ہیں

آرزو دبتی بھی نہیں اور تکمیل نہیں ہوتی
ہم وصل تمنا میں مرجانے لگے ہیں

لوگ چلے گئے محفل میں کوئی نہ تھا
ہم آکر بزم چراغ جلانے لگے ہیں

کسی کو نہ دیکھے اپنی ہی تلاش کرے
سمجھ آئی تو خود کو سمجھانے لگے ہیں

ہاں کےyes,ok، پیغامmessage communication، کفرlies untruth، داستانstory، متفقagree، نا آشناunacquained، آرزوdesire wish، تکمیلcomplete، وصلِ تمنا longing for uniting wishing to meeting، بزمsocial gathering، جمال elegance

बे-क़रार दिल

बे-क़रार दिल को समझाने चले आए हैं
हम अपना मुकद्दर आज़माने चले आए हैं

लगता नहीं था दिल तुझ को देखे बग़ैर
तेरी महफ़िल में दिल लगाने चले आए हैं

गुजरे हैं कई बार इश्क़ के इम्तिहाँ में
किसी बे-वफ़ा के नए ज़ख़्म खाने चले आए हैं

पैमाने भर दो कि मए-गुसारों को मुसर्रत मिले
शमा जली है तो परवाने चले आए हैं

हिज्र में दिल-ए-आज़ार का दिल नहीं लगता
दर्द दिल का हम मिटाने चले आए हैं

तेरी जुदाई का ग़म मार डाले न मुझे
फ़िराक़-ए-शब में पीने पिलाने चले आए हैं

मए-गुसार-Drunkard boozy, Wine Addict.मुसर्रत-Joy, Delight, Pleasure.शमा-Candle.हिज्र-Separationदिल-ए-आज़ार-Afflicted, Distressed,Grief strichen heart.फ़िराक़-Separation.शब-Night.

بیقرار دل

بیقرار دل کو سمجھانے چلے آئے ہیں
ہم اپنا مقدر آزمانے چلے آئے ہیں

لگتا نہیں تھا دل تجھ کو دیکھے بغیر
تیری محفل میں دل لگانے چلے آئے ہیں

گزرے ہیں کئی بار عشق کے امتحان میں
کسی بےوفا کے نئے زخم کھانے چلے آئے ہیں

پیمانے بھر دو کہ میگساروں کو مسرت ملے
شمع جلی ہے تو پروانے چلے آئے ہیں

ہجر میں دل آزار کا دل نہیں لگتا
درد دل کا ہم مٹانے چلے آئے ہیں

تیری جدائی کا غم مارڈالے نہ مجھے
شب فراق میں پینے پلانے چلے آئے ہیں

میگسار drunkard boozy wine addict، مسرت joy delight pleasure، شمع candle، ہجر separation، دِل آزار afflicted distressed grief strichen heart، شب فراق night of separation

क़रीब आ कर हुई मसाफ़त

क़रीब आ कर हुई हम में मसाफ़त कोई
हो सकी न हम में आपसी मुसालहत कोई

मिले तो रहे ख़ामोश मुहर ब-लब हम
न हुई बात हम में न मशावरत कोई

जुदा होना भी उन से आसाँ न था
चाहते रहे हो जाए उन से मुलाक़ात कोई

बिछड़ना उन से मौत से कम न था
बेताब दिल में लाए क़रार-ओ-क़नात कोई

ख़ुदा की लिखी हुई सरनोश्त को कौन बदले
मिली न ख़ुदा से भी हमें राहत कोई

قریب آ کر ہوئی مسافت

قریب آ کر ہوئی ہم میں مسافت کوئی
ہو سکی نہ ہم میں آپسی مصالحت کوئی

ملے بھی تو رہے خاموش مہر بلب ہم
نہ ہوئی بات ہم میں نہ مشاورت کوئی

جدا ہونا بھی ان سے آساں نہ تھا
چاہتے رہے ہو جائے ان سے ملاقات کوئی

بچھڑنا ان سے موت سے کم نہ تھا
بے تاب دل میں لائے قرار و قناعت کوئی

خدا کی لکھی ہوئی سر نوشت کو کون بدلے
ملی نہ خدا سے بھی ہمیں راحت کوئی

फ़िराक़-ए-ग़म से निकल पाएं गे हम कैसे
करें हम पर आ कर वो इनायत कोई

मुश्किल हो गया है जीना उन के जाने से
ख़ुदा करे ढा दे हम पर क़यामत कोई

बिछड़ गए और मरे को मिलाए कोई कैसे
एसी होती नहीं पूरी किसी की हसरत कोई

क़रीब -Near,Close.मसाफ़त-Distance. मुसालहत-Reconciliation. मोहर-ब-लब-Mum,Silent. मशावरत -Consultation,Counsel. बेताब-Impatient, Restless. क़रार-Tranqulity,Rest,Calmness.क़नात-Contentment.सर-नविश्त-Destiny,Fate.हसरत-Longing,Wish, Wistfulness.इनायत-Favour,Gift,Kindness.ढा- Let Lose.क़यामत-Calamity, Doomsday. फ़िराक़-ए-ग़म-Pain of sepration.राहत-Relief, Comfort, Ease.

فراق غم سے نکل پائیں گے ہم کیسے
کریں ہم پر آکر وہ عنایت کوئی

مشکل ہوگیا ہے جینا ان کے جانے سے
خدا کرے ڈھا دے ہم پر قیامت کوئی

بچھڑ گئے اور مرے کو ملائے کوئی کیسے
ایسی ہوتی نہیں پوری کسی کی حسرت کوئی

قریب near close، مسافت distance، مصالحت reconciliation، مہربلب mum,silent ، مشاورت consultation counsel، بےتاب impatient restless، قرار tranquility rest calmness، قناعت contentment، سرنوشت destiny fate، عنایت favour، ڈھا let loose، قیامت calamity doomsday، حسرت longing wish wistfulness، راحت comfort ease,relief ، فراق غم pain of separation

ज़िंदगी की बात

तुम मौत से मत डरा करो
तुम ज़िंदगी की बात किया करो
हर शए में जो हाज़िर रहती है
हर किसी में वो नज़र आती है
पेड़ों में पर्बतों में
शाख़ों में दरख़्तों में
लटक रहे पत्तों में
लहलहा रहे खेतों में
गुलखंदा बहारों में
खिलती हुई गुलज़ारों में
आब के उठते फुवारों में
गिरती हुई आब-शारों में
फ़लक में चमकते तारों में
परिंदों की उड़ती डारों में
बर्फ़ से लदे कोहसारों में

زندگی کی بات

تم موت سے مت ڈرا کرو
تم زندگی کی بات کیا کرو
ہر شے میں جو حاضر رہتی ہے
ہر کسی میں وہ نظر آتی ہے
پیڑوں میں پربتوں میں
شاخوں میں درختوں میں
لٹک رہے پتوں میں
لہلہا رہے کھیتوں میں
گل خندہ بہاروں میں
کھلتی ہوئی گلزاروں میں
آب کے اٹھتے پھواروں میں
گرتی ہوئی آبشاروں میں
فلک میں چمکتے تاروں میں
پرندوں کی اڑتی ڈاروں میں
برف سے لدے کوہساروں میں

वादी के दिल-कश नज़ारों में
चलते फिरते ख़रीदारों में
भीड़ भरे बाज़ारों में
बल खाती घटाओं में
झूमती हुई हवाओं में
महक रही फ़ज़ाओं में
रनाई नाज़ अदाओं में
झूलते हुए झूलों में
गोरी गुलाब गालों में
शोर मचाते नदियां नालों में
शानों पर बिखरे बालों में
शगूफ़े फूट रहे डालों में
ख़्वाब में आते ख़यालों में
ख़ुशबू भरे गुलिस्ताँ में
छतरी जैसे आसमाँ में
बच्चों की तोतली बातों में
महताब की रोशन रातों में

ज़िंदगी की धड़कन सुन पाए गा
जब उस की धुन गुनगुनाए गा
ज़िंदगी हर ज़र्रे में नज़र आए गी
जब निगाह से धूल उतर जाए गी

وادی کے دلکش نظاروں میں
چلتے پھرتے خریداروں میں
بھیڑ بھرے بازاروں میں
بل کھاتی گھٹاؤں میں
جھومتی ہوئی ہواؤں میں
مہک رہی فضاؤں میں
رعنائی ناز اداوں میں
جھولتے ہوئے جھولوں میں
گوری گلاب گالوں میں
شور مچاتے ندیاں نالوں میں
شانوں پر بکھرے بالوں میں
شگوفے پھوٹ رہے ڈالوں میں
خواب میں آتے خیالوں میں
خوشبو بھرے گلستاں میں
چھتری جیسے آسماں میں
بچوں کی توتلی باتوں میں
مہتاب کی روشن راتوں میں

زندگی کی دھڑکن سن پائے گا
جب اس کی دھن گنگنائے گا
زندگی ہر ذرے میں نظر آئے گی
جب نگاہ سے دھول اتر جائے گی

तभी ज़िंदगी देख पाए गा
जब उस के भीतर जाए गा
तू ज़िंदगी का एहतिराम कर
सिम्त-ए-मंज़िल गाम कर
इसे बे-मक़सद न गुज़रने दें
मरने से पहले जी लेने दे
तू जीने की उमंग कर
तू ज़िंदगी का संग कर
जब ये चली जाए गी
लौट कर न आए गी

शाख़ों-Branches. आब-Water.आबशारों-Water fall.फ़लक-sky, Heaven. कोहसार-Mountain.फ़ज़ाओं-Atmosphere, Environment. रनाई-Grace,Exquisite,Cute.शानों-Shoulders.शगूफ़े-Bud, Blossom.महताब-Moon. एहतिराम-Honour, Veneration, Respect, Adoration.सिम्त-Direction.गाम-Move, Start.बे-मक़सद-Meaning Less, Purposeless, Aimless.

تبھی زندگی دیکھ پائے گا
جب اس کے بھیتر جائے گا
تو زندگی کا احترام کر
سمت منزل گام کر
اسے بے مقصد نہ گذرنے دے
مرنے سے پہلے جی لینے دے
تو جینے کی امنگ کر
تو زندگی کا سنگ کر
جب یہ چلی جائے گی
لوٹ کر نہ آئے گی

سمتdirection،گامmove start،بے مقصدaimless,purposeless ،شاخوںbough branches،آبwater ،آبشاروںwaterfall،فلکheaven sky، کوہساروں mountains،فضاؤںenvironment atmosphere،رعنائیexquistitecute grace شانوںshoulders، شگوفےblossom bud،مہتابmoon،احترامh o n o u r adoration,veneration respect

तनहाई

तन्हा मैं तन्हा तुम तन्हा हैं सब तन्हाई में
आग लगाती है तन्हाई क्यूँ आ कर तन्हाई में

दिन गुज़र जाता है ऐसे कुछ न कुछ करने में
सुकूँ-ए-क़ल्ब उड जाता है फ़िराक़-ए-शब तन्हाई में

जब से दामन छूटा तेरा रहता हूँ मैं तन्हा
तू भी मेरे पास न आई क्यूँ इस तन्हाई में

एक बार आवाज़ दे कर अगर बुलाती तू मुझ को
लौट कर न आता फिर मैं इस तन्हाई में

तुम नज़र आती हो बैठी मुझ को मेरे पहलू में
मैं तन्हा कब रहता हूँ फिर इस तन्हाई में

تنہائی

تنہا میں تنہا تم تنہا ہیں سب تنہائی میں
آگ لگاتی ہے تنہائی کیوں آکر تنہائی میں

دن گذر جاتا ہے ایسے کچھ نہ کچھ کرنے میں
سکون قلب اڑ جاتا ہے فراق شب تنہائی میں

جب سے دامن چھوٹا تیرا رہتا ہوں میں تنہا
تو بھی میرے پاس نہ آئی کیوں اس تنہائی میں

ایک بار آواز دے کر اگر بلاتی تو مجھ کو
لوٹ کر نہ آتا پھر میں اس تنہائی میں

تم نظر آتی ہو بیٹھی مجھ کو میرے پہلو میں
میں تنہا کب رہتا ہوں پھر اس تنہائی میں

ज़िंदगी मैं तो यूँ भी गुज़ार ही लेता मगर
याद तेरी तड़पाती है आ कर मुझ को तन्हाई में

तेरे पाओं की सदा लगती है वो मुझ को
जब भी सुनता हूँ कोई आहट मैं तन्हाई में

लौ घटने लगती है जब उफ़क़ पर डूबते सूरज की
देख कर घटता है दिल शाम की तन्हाई में

वक़्त बदलता रहता है मुस्तक़िल वो नहीं होता
किसी मक़ाम पर ज़िंदगी गुज़ारनी पड़ती है तन्हाई में

तन्हा-Alone,Lonely.तन्हाई-Loneliness.सुकून-Peace,Calm, Tranquility.क़ल्ब-Heart, Soul, Mind.फ़िराक़-Separation.शब-Night.दामन-Skirt of garment.सदा-Sound.आहट-Foot fall.उफ़क़-Horizon.मुस्तक़िल-Permanent.

زندگی میں تو یوں بھی گذار ہی لیتا مگر
یاد تیری تڑپاتی ہے آکر مجھ کو تنہائی میں

تیرے پاؤں کی صدا لگتی ہے وہ مجھ کو
جب بھی سنتا ہوں کوئی آہٹ میں تنہائی میں

لو گھٹنے لگتی ہے جب افق پر ڈوبتے سورج کی
دیکھ کر گھٹتا ہے دل شام کی تنہائی میں

وقت بدلتا رہتا ہے مستقل وہ نہیں ہوتا
کسی مقام پر زندگی گزارنی پڑتی ہے تنہائی میں

تنہا alone lonely، تنہائی loneliness، سکون peace calm tranquility، قلب heart، صدا sound، آہٹ footfall، اُفق horizon، مستقل permanent، دامن side of garment، شب night، فراق: separation، soul mind

आशकारा हो जा

सूरज जब दरख़्शाँ है होता
मुनव्वर ये जहाँ है होता

चमक उठता है फ़लक सारा
ज़िया तमाम आसमाँ है होता

तनवीर हो जाती है ये ज़मीं
गौहर नुमा रेगिस्तान है होता

खिल उठते हैं लाला-ए-गुल
रंग भरा गुलिस्ताँ है होता

परिंदे खोलते हैं पर अपने
जहाँ आस्ताना आशियाँ है होता

हरकत में आता है ज़माना
कारोबार जवाँ रवाँ है होता

सुबह लाती है नई क़ुव्वत
ताक़त-ए-ताबदार इंसाँ है होता

آشکارا ہو جا

سورج جب درخشاں ہے ہوتا
منور یہ جہاں ہے ہوتا

چمک اٹھتا ہے فلک سارا
ضیا تمام آسماں ہے ہوتا

تنویر ہو جاتی ہے زمیں
گوہر نما ریگستاں ہے ہوتا

کھل اٹھتے ہیں لالہ گل
رنگ بھرا گلستاں ہے ہوتا

پرندے کھولتے ہیں پر اپنے
جہاں آستانہ آشیاں ہے ہوتا

حرکت میں آتا ہے زمانہ
کاروبار جواں رواں ہے ہوتا

صبح لاتی ہے نئی قوت
طاقت تابدار انساں ہے ہوتا

सहर देती है पयाम जागने का
सूरज ज़िंदगी का तर्जुमाँ है होता

तुलू आफ़ताब करता है लौ
अँधेरा जाने का एलान है होता

ख़िसाल-ए- ख़ुज़ू से रहे महरूम
वो आदमी सर-गिराँ है होता

ज़हन अपने को खुला रखे
रौशन शुदा इंसाँ है होता

तू भी सूरज चाँद सितारा हो जा
राह-ए-हयात का रौशन मनारा हो जा

गोशा गोशा तू आशकारा हो जा
नादार नादाँ का सहारा हो जा

दरख़्शाँ-Shining,Luminous.मुनव्वर-Illuminate,Lustrous.फ़लक-Sky.ज़िया-Shine,Light.तनवीर-Refulgent.गौहर-Gem, Jevel, Pearl. लाला-Tulip.अस्ताना- Abode.आशियाँ-Nest,Abode.कुव्वत-Strength, Vigour.तब-दार-Powerful,Refulgent.सहर- Morning,Dawn,Day break.सर-गिराँ-Proud,Haughty,Angry. ख़िसाल-Good qualities,Traits of characters.ख़ुज़ू-Humility.तुलू-Rising.आफ़ताब-Sun.हयात-Life.ना-तवाँ-Weak, Feable.ज़हन-Mind.गोशा-Corner.गोशा-Every.आशकारा-Visible,Known. नादार-Poor, Proper

سحر دیتی ہے پیام جاگنے کا
سورج زندگی کا ترجماں ہے ہوتا

طلوع آفتاب کرتا ہے لو
اندھیرا جانے کا اعلان ہے ہوتا

خصال خضوع سے رہے محروم
وہ آدمی سر گراں ہے ہوتا

ذہن اپنے کو کھلا رکھے
روشن شدہ انساں ہے ہوتا

توبھی سورج چاند ستارہ ہوجا
راہ حیات کا روشن منارہ ہوجا

گوشہ گوشہ تو آشکارا ہوجا
نادار ناتواں کا سہارا ہوجا

خضوع humility، درخشاں luminuous shining، منور lustrous illuminate ،، فلک sky، ضیا light shine، تنویر refulgent، گوہر: pearl jewel gem، لالہ گل tulip، آستانہ abode، آشیاں nest abode، قوت vigour strength، تابدار refulgent powerful warm، سرگراں angry haughty proud، خصال of traits qualities good characters، سحر break day down morning، طلوع rising، آفتاب sun، حیات life، ناتواں feeble weak، ذہن mind، گوشہ گوشہ corner every، آشکارا visible known، نادار pauper poor، خصال good qualities

पल भर का क़याम

पल भर का था क़याम गुल-ए-आशना के साथ
ख़ुशबू थी वो उड गई मौज-ए-सबा के साथ

शोख़ी भी शौक़ भी है नज़र में हया के साथ
शर्मा रहा है कोई देखो किस अदा के साथ

दुनिया-ए-हस्त-ओ-बूद से उकता चुका है दिल
सैर-ए-अदम को क्यूँ न चलें अब क़ज़ा के साथ

कैसा हिसाब रोज़-ए-हश्र कैसी पूछ ताछ
मैं कौन था हुआ है सब तेरी रज़ा के साथ

चारा-गर बजा है अल्लाह से अर्ज़ भी मगर
लाज़िम है कुछ दवा हो दस्त-ए-दुआ के साथ

मस्जिद में क्यूँ न गाएँ भगवान के भजन
मंदिर में क्यूँ न बैठें कुछ देर ख़ुदा के साथ

क्या जानिए किस राह की वो ख़ाक हो गए
जिन को शौक़ था कि वो चलें गे हवा के साथ

आशना-Friend, Aequaintance. क़याम-Stay. मौज-Wave. सबा-Morning Breeze. क़ज़ा-Death. हश्र-Doomsday. अदम-Nothingness,Non Existance. हस्त बूद- Existance, All that is. चारा गर- One who cures, Healer, Doctor.

پل بھر کا قیام

پل بھر کا تھا قیام گل آشنا کے ساتھ
خوشبو تھی وہ اڑ گئی موج صبا کے ساتھ

شوخی بھی شوق بھی ہے نظر میں حیا کے ساتھ
شرما رہا ہے کوئی دیکھو کس ادا کے ساتھ

دنیائے ہست و بود سے اکتا چکا ہے دل
سیر عدم کو کیوں نہ چلیں اب قضا کے ساتھ

کیسا حساب روز حشر کیسی پوچھ تاچھ
میں کون تھا ہوا ہے سب تیری رضا کے ساتھ

چارہ گر بجا ہے واللہ سے عرض بھی مگر
لازم ہے کچھ دوا ہو دست دعا کے ساتھ

مسجد میں کیوں نہ گائیں بھگوان کے بھجن
مندر میں کیوں نہ بیٹھیں کچھ دیر خدا کے ساتھ

کیا جانیے کس راہ کی وہ خاک ہو گئے
جن کو شوق تھا کہ چلیں گے ہوا کے ساتھ

آشنا Acquaintance,Friend قیام Stay موج Wave صبا Morning breeze قضاء Death حشر Doomsday عدم Non-existance,Nothingmess ہست و بود Existance چارہ گر Doctor, Healer,One who cures

दिल बे-क़रार होगा

इश्क़ हो जाए तो दिल बे-क़रार होगा
क़ाबू में न रहे गा वो फ़रार होगा

ज़ंजीरों और ज़िंदानों में वो नहीं है रहता
वफ़ा करता है अगर लाज़िम है निसार होगा

उजड़ गए हैं जब कहीं तो जाना पड़े गा
चलें हम रहें वहाँ जहाँ यार-ए-दयार होगा

दोस्ती करने में डर लगता है अब हमें
ऐसा न हो मिले फिर जो नाहन्जार होगा

दुनिया देख ली हम ने घाट घाट जा कर
शायद ही कोई शख़्स होगा जो ईमानदार होगा

دل بیقرار ہوگا

عشق ہو جائے اگر تو دل بیقرار ہوگا
قابو میں نہ رہے گا وہ فرار ہوگا

زنجیروں اور زندانوں میں وہ نہیں ہے رہتا
وفا کرتا ہے اگر لازم ہے نثار ہوگا

اجڑ گئے ہیں جب کہیں تو جانا پڑے گا
چلیں ہم رہیں وہاں جہاں یار دیار ہوگا

دوستی کرنے میں ڈر لگتا ہے اب ہمیں
ایسا نہ ہو ملے پھر جو نا ہنجار ہو گا

دنیا دیکھ لی ہم نے گھاٹ گھاٹ جا کر
شاید ہی کوئی شخص ہوگا جو ایماندار ہوگا

इसी उम्मीद के सहारे जी रहे हैं हम
कि उन के आने का कहीं आसार होगा

हम ने तो बुलाया था तीमारदारी के लिए
पता न था वो चारा गर ज़ख़्म कार होगा

वफ़ा क्या हो गी उस बे-वफ़ा के दिल में
मोहब्बत ही जिस बशर का कारोबार होगा

दिल संग तो नहीं कि ये न बिगड़ता
ख़याल न था इस क़दर हाल-ए-ज़ार होगा

कुश्ता कुशां कशीदगी रहती है हीन-ए-हयात तक
मिले सुकूँ जहाँ आख़िर वो तो मज़ार होगा

फ़रार-Running, Abscond. ज़िंदानों-Prisons.लाज़िम-Nesessary. निसार-Sacrifice.दयार-Region,Vellage.ना-हँजार-Wicked.आसार-Signs,Symptoms.तीमार-दारी-Nursing.चारा-गर-Nurse,Doctor. ज़ख़्म-कार-Inflicts, Mortal wounds. बशर-Man. संग-Stone.हाल-ए-ज़ार-Miserable Condition,Pitiable Plight.कशीदगी-Tension.कुश्ता-Killing, To Slain.कुशाँ-Suffering.हीन-ए-हयात-During life time, Through out life.

اسی امید کے سہارے جی رہے ہیں ہم
کہ ان کے آنے کا کہیں آثار ہو گا

ہم نے تو بلآیا تھا تیارداری کے لیئے
پتہ نہ تھا وہ چارہ گر زخم کار ہو گا

وفا کیا ہوگی اس بےوفا کے دل میں
محبت ہی جس بشر کا کاروبار ہو گا

دل سنگ تو نہیں کہ یہ نہ بگڑتا
خیال نہ تھا اس قدرحال زار ہوگا

کشتہ کشاں کشیدگی رہتی ہے حین حیات تک
ملے سکوں جہاں آخر وہ تو مزار ہو گا

فرار Abscond. flee running away، زندانوں prisons، لازم necessary، نثار sacrifice، دیار village: region، نا ہنجار: wicked، آثار signs، symptoms، تیارداری nursing، چارہ گر nurse doctor، زخمِ کار Who inflicts mortal wound injures، بشر: man سنگ stone، حالِ زار pitiable condition miserable plight، کشیدگی tension، کشاں suffering killing to slain، حین حیات during lifetime throughout life

भगवान कहाँ है

सोचता है हर कोई कि भगवान कहाँ है
करे मख़्लूक़ से मोहब्बत वो इंसान कहाँ है

जाता हूँ मस्जिद में दुआ करने को रोज़
पूछता हूँ वाइज़ से कि ईमान कहाँ है

वादा किया था जान कर हाज़िर ख़ुदा को
अल्लाह की क़सम की वो ज़बान कहाँ है

रूह में आलूदगी और सुकून-ए-दिल की तमन्ना
ऐसे करम से मिलता भला इत्मिनान कहाँ है

लगा रखा है उस ने चेहरे पे चेहरा
आईना देख कर वो शख़्स पशेमाँ कहाँ है

मख़्लूक़-Creation,People. वाइज़-Preacher, Sermoniser. वादा-Promise, Assurance. आलूदगी-Pollution. सुकून-Peace, Calm, Tranquility. करम-Action, Deed. इत्मीनान-(Itminan) Satisfaction, Calmness, respite.चेहरा-Face,Countenance.आईना-Mirror.पशेमाँ-Remorseful.

بھگوان کہاں ہے

سوچتا ہے ہر کوئی کہ بھگوان کہاں ہے
کرے مخلوق سے محبت وہ انسان کہاں ہے

جاتا ہوں مسجد میں دعا کرنے کو روز
پوچھتا ہوں واعظ سے ایمان کہاں ہے

وعدہ کیا تھا جان کر حاضر خدا کو
اللہ کی قسم کی وہ زبان کہا ں ہے

روح میں آلودگی اور سکونِ دل کی تمنا
ایسے کرم سے ملتا بھلا اطمینان کہا ں ہے

لگا رکھا ہے اس نے چہرے پہ چہرہ
آئینہ دیکھ کر وہ شخص پشیمان کہا ں ہے

مخلوق people creation، واعظ sermoniser preacher، وعدہ promise، آلودگی pollution، سکون tranquility calm peace، کرم deed action، assurance اطمینان (itminan) respite composure calmness satisfaction ، چہرہ face، countenance، آئینہ: mirror، پشیماں remorseful

सितम-गर समझता है इस के सामने झुक जाने हैं आएँ
कोई बहाना बना कर हम जान बचाने हैं आएँ
बता दो उसे जा कर कि मक़त्ल है हमारी मंज़िल
हम सर-फ़रोश हैं सर-फिरे सर कटाने हैं आएँ

जन्नत की हवाओ तुम मेरी तरफ़ मत आना
आना है तो मए-ए-फ़रोश बन कर आना
कहीं सर्द-बाद ठंडा न कर दे मुझे
गर्म रखने को सुबू सहबा ले कर आना

डूब जाने वाले को शनावर नहीं कहते
हथियार फेंकने वाले को दिलावर नहीं कहते
दुनिया में आए हो तो कुछ कर जाओ
घर बैठने वाले को मुसाफ़िर नहीं कहते

सितम-गर-Tyrant. मक़त्ल-Place of Execution.

मए-फ़रोश-Wine Merchant. सर्द-बाद-Cold breeze. सुबू-सहबा-Wine pitcher.

शनावर- Swimmer. दलावर-Bold Brave.

ستمگر سمجھتا ہے اس کے سامنے جھک جانے ہیں آیں
کوئی بہانہ بنا کر ہم جان بچانے ہیں آیں
بتا دو اسے جا کر کہ مقتل ہے ہماری منزل
ہم سرفروش ہیں سرپھرے سر کٹانے ہیں آیں

جنت کی ہواؤ تم میری طرف مت آنا
آنا ہے تو مے فروش بن کر آنا
کہیں سرد باد ٹھنڈا نہ کردے مجھے
گرم رکھنے کو سبو صہبا لے کر آنا

ڈوب جانے والے کو شناور نہیں کہتے
ہتھیار پھینکنے والے کو دلاور نہیں کہتے
دنیا میں آئے ہو تو کچھ کر جاؤ
گھر بیٹھنے والے کو مسافر نہیں کہتے

ستمگر Tyrant مقتل Place of execution
مے فروش Wine Merchant سرد باد Cold breeze سبو صہبا wine pitcher
شناور Swimmer دلاور Brave,Bold

क़यामत के रोज़ मिलूँगा जब ख़ुदा से जा कर
पूछूँगा उस से इतने क्यूँ हैं गुनाह होते
नसीब जो भी हैं किसी के बनाता है तू ही
मेरे बस में होता तो सब इंसान बे-खता होता

झुकती आँखों में हया होती है
तरसती आँखों में दुआ होती है
ख़ून उतर आए जब आँखों में
सुर्ख़ आँखों में क़ज़ा होती है

क़तरा क़तरा दरिया किया करता है
चिराग़ को चिराग़ ज़िया करता है
साथ साथ चलो जब मिल कर
तो वो कारवाँ हुआ करता है

क़यामत-Death. बे-खता -Guiltless, Innocent
हया-Modesty, Shyness.सुर्ख़ी-Red.क़ज़ा-Death.
ज़िया-Light,Shining.

قیامت کے روز ملوں گا جب خدا سے جا کر
پوچھوں گا اس سے تیرے ہوتے کیوں ہیں گناہ ہوتے
نصیب جو بھی ہیں کسی کے بناتا ہے تو ہی
میرے بس میں ہوتا تو سب انسان بے خطا ہوتے

جھکتی آنکھوں میں حیا ہوتی ہے
ترستی آنکھوں میں دعا ہوتی ہے
خون اتر آئے جب آنکھوں میں
سرخ آنکھوں میں قضا ہو تی ہے

قطرہ قطرہ دریا کیا کرتا ہے
چراغ کو چراغ ضیا کرتا ہے
ساتھ ساتھ چلو جب مل کر
تو وہ کارواں ہوا کر تا ہے

قیامت Death، بے خطا Innocent,Guiltless
حیا modesty,shyness، سرخ red، قضا: death
ضیا: light shinning

तेरी महफ़िल से जो भी निकला रोता हुआ निकला
इक अश्क ठहरा पलकों पर इक बहता हुआ निकला
हुआ दर्द का न दरमाँ मगर गिला नहीं कोई
कभी ख़ामोश रहा बैठा कभी दुआ देता हुआ निकला

रास्ते से बे-ख़बर है तू कोई रहबर कर ले
खो जाए गा तन्हा किसी का हाथ पकड़ ले
कहाँ जाना है तू ने कौन सा है मक़ाम तेरा
पहले अपनी मंज़िल की तू पहचान कर ले

मक़त्ल का दीवाना था मौत से बे-ख़बर न था
हाथ में शमशीर थी शानों पर सर न था
हक़ की ख़ातिर वो उतरा जब मैदान में
सच उस के साथ था दिल में डर न था

अश्क-Tear.दरमाँ-Cure,Remedy. गिला-Complaint.
मक़त्ल-Place of execution.शानों-Shoulders.

تیری محفل سے جو بھی نکلا روتا ہوا نکلا
اک اشک ٹھہرا پلکوں پر اک بہتا ہوا نکلا
ہوا درد کا نہ درماں مگر گلہ نہیں کوئی
کبھی خاموش رہا بیٹھا کبھی دعا دیتا ہوا نکلا

راستے سے بے خبر ہے کوئی رہبر کر لے
کھو جائے گا تنہا کسی کا ہاتھ پکڑ لے
کہاں جانا ہے تو نے کونسا ہے مقام تیرا
پہلے اپنی منزل کی تو پہچان تو کرلے

مقتل کا دیوانہ تھا موت سے بےخبر نہ تھا
ہاتھ میں شمشیر تھی شانوں پر سر نہ تھا
حق کی خاطر وہ اترا جب میدان میں
سچ اس کے ساتھ تھا دل میں ڈر نہ تھا

اشکtear،درماںcure remedy،گلہcomplaint
رہبرguide،تنہاalone,lonely،مقامplace
مقتلplace of execution،شانوںshoulders

ख़ुदा के ख़ौफ़ में रहता है इंसान
सुलझा पाता नहीं वो ज़िंदगी की दास्तान
समझता है वो ख़ुद को बे-सहारा
बंदगी पर रहता है उस का ध्यान

तेरे इश्क़ ने डूबने वाले को शनावर बना दिया
रेत के ख़ुश्क सेहरा को सागर बना दिया
तेरी सूरत बुत-ख़ाने की इबादत नुमा मूरत लगी
एक ख़ुदा परस्त मोमिन को तू ने काफ़िर बना दिया

मुझे इतना न उछाल तू कि उड़ती हवा में ही घुल जाऊँ मैं
मुझे ज़मीं पर ही रहने दे कि फूल बन के खिल जाऊँ मैं
मेरा बदन है ये ख़ाक का मेरी जान है इसी ख़ाक में
इसी ख़ाक से पैदा हुआ मैं, इसी ख़ाक में मिल जाऊँ मैं

दास्ताँ-Story,Fable.

शनावर-Swimmer.सेहरा-Desert.इबादत-नुमा-Worship like,Prayer like,Devotion like.ख़ुदा-परस्त-Faithful, Godly, Pious believer.मोमिन-Believer,Faithful,Thiest.काफ़िर-Infidel,Non believer,Atheist.

बदन-Body.ख़ाक-Dust.

خدا کے خوف میں رہتا ہے انسان
سلجھا پاتا نہیں وہ زندگی کی داستان
سمجھتا ہے خود کو وہ بے سہارا
بندگی پر رہتا ہے اس کا دھیان

تیرے عشق نے ڈوبنے والے کو شناور بنا دیا
ریت کے خشک صحرا کو ہے ساگر بنا دیا
تیری صورت بت خانے کی عبادت نما مورت لگی
ایک خدا پرست مومن کو تو نے کافر بنا دیا

مجھے اتنا نہ اچھال تو کہ اڑتی ہوا میں ہی گھل جاؤں میں
مجھے زمیں پر ہی رہنے دے کہ پھول بن کر کھل جاؤں میں
میرا بدن ہے یہ خاک کا میری جان ہے اسی خاک میں
اسی خاک سے پیدا ہوا میں اسی خاک میں مل جاؤں میں

داستاں story,fable
شناور swimmer، صحرا desert، عبادت نما devotion like prayer like worship
خدا پرست like، godlypious believer god faithful، مومن faithful believer
کافر theist، Atheist, Non believer,Infidel
بدن body، خاک dust

सुख में जो रहते हैं वो भी रोते हैं लोग
दुख में मिल जाए मुसर्रत तो भी रोते हैं लोग
ख़ुशी में आएँ या ग़मी में हैं तो आख़िर आँसू
कुछ ख़ुश नसीबी पर कुछ बद-नसीबी पर रोते हैं लोग

वो इंसाँ नहीं होता जो ग़म से मुतअस्सिर नहीं होता
दर्द-ओ-अलम देख कर जिस का दीदा तर नहीं होता
आदमी हो तो बे-हिस बे-जान संग-दिल क्यूँ हो
हो जाए पत्थर सा बेदम ऐसा तो बशर नहीं होता

रास्ते में मिले जो मुसाफ़िर दूर हो गए
तारे टूट कर आसमाँ से बे-नूर हो गए
ज़िंदगी उछलती मौजों का तलातुम था मगर
हम मौजों को झेलते हुए उबूर हो गए

मुसर्रत-Pleasure.

मुतअस्सिर-Affected. अलम-Pain,Grief.दीदा-तर-Tearful eyes,Weeping eyes.बे-हिस-Insensitive.संग-दिली-Callous.बेदम-Lifeless.बशर-Human being.

बे-नूर-Without light,Non Refulgent.मौजों-Wave, Surge.तलातुम-Storm.उबूर-Corssed the river.

سکھ میں جو رہتے ہیں وہ بھی روتے ہیں لوگ
دکھ میں مل جائے مسرت تو بھی روتے ہیں لوگ
خوشی میں آئیں یا غمی میں ہیں تو آخر آنسو
کچھ خوش نصیبی پر کچھ بد نصیبی پر روتے ہیں لوگ

وہ انساں نہیں ہوتا جو غم سے متاثر نہیں ہوتا
درد والم دیکھ کر جس کا دیدہ تر نہیں ہوتا
آدمی ہو تو بے حس بے جاں سنگدل کیوں ہو
ہو جائے پتھر سا بیدم ایسا تو بشر نہیں ہوتا

راستے میں ملے جو مسافر دور ہو گئے
تارے ٹوٹ کر آسماں سے بے نور ہو گئے
زندگی اچھلتی موجوں کا تلاطم تھا مگر
ہم موجوں کو جھیلتے ہوئے عبور ہو گئے

مسرت pleasure
متاثر affected، الم grief pain، دیدہ تر eyes weeping eyes tearful، بے حس insensitive، بےدم lifeless سنگدل callous :بشر: human being man
بے نور non-refulgent without light، موجوں surge wave، تلاطم storm، عبور crossed the river

वो पढ़ता नहीं है ख़ामोशी में छिपे सवाल
सवाल के जवाब में करता है नया सवाल
रिश्ते बिगड़ जाते हैं सवाल जवाब करने से
ख़ामोश रहने में भलाई है उठते नहीं सवाल

अपने दाग़ तुम्हें दिखते नहीं चाँद के दाग़ दिखाते हो
आईना देखने से पता चले गा कैसे नज़र आते हो
गुनहगार तो तुम भी हो लेकिन समझ लेते हो बे-गुनाह
दूसरों के गुनाह उछालते हो तुम अपने गुनाह छिपाते हो

कोई मुफ़्लिस से पूछे कि तंगी क्या है
ज़िंदगी जो है उस की वो ज़िंदगी क्या है
ख़ुदा भी जब तस्लीम नहीं करता दुआ उस की
वो ख़ुदा क्या है उस की बंदगी क्या है

मुफ़्लिस-Poor. तस्लीम-Accept, Grant.

وہ پڑھتا نہیں ہے خاموشی میں چھپے سوال
سوال کے جواب میں کرتا ہے نیا سوال
رشتے بگڑ جاتے ہیں سوال جواب کرنے سے
خاموش رہنے میں بھلائی ہے اٹھتے نہیں سوال

اپنے داغ تمہیں دکھتے نہیں چاند کے داغ دکھاتے ہو
آئینہ دیکھنے سے پتہ چلے گا کیسے نظر آتے ہو
گنہگار تو تم بھی ہو لیکن سمجھ لیتے ہو بے گناہ
دوسروں کے گناہ اچھالتے ہو تم اپنے گناہ چھپاتے ہو

کوئی مفلس سے پوچھے کہ اسے تنگی کیا ہے
زندگی جو ہے اس کی وہ زندگی کیا ہے
خدا بھی تسلیم نہیں کرتا دعا اس کی
وہ خدا کیا ہے اس کی بندگی کیا ہے

مفلسpoor، تسلیمaccept grant

सर हाथों में लिए जब हम चलेंगे
मक़त्ल में तब हम क़ातिल से मिलेंगे
ज़र्रा ज़र्रा चमके गा ज़िया होगा वहाँ
उस धरती को सींचेंगे फूल खिलेंगे

शहीदों का लहू कब ज़ाया जाता है
गिरता है जहाँ गुलशन खिल जाता है
पत्ते पत्ते से महक आती है उधर
हर पौदा वहाँ दीदा-रू नज़र आता है
बूंद बूंद से पैदा होता है लाला गुल
मिटता नहीं निशाँ जो छोड़ जाता है
लोग आते हैं याद करते हैं उन्हें
उन का नाम यूँ अमर हो जाता है

मक़त्ल-Place of execution.ज़र्रा-Particle.ज़ीया-Shinninh, Lustrous.
गुलशन-Garden.दीदा-रू-Pretty,Handsome.लाला-ए-गुल-Tulip.

سر ہاتھوں میں لیے جب ہم چلیں گے
مقتل میں تب ہم قاتل سے ملیں گے
ذرہ ذرہ چمکے گا ضیاء ہو گا وہاں
اس دھرتی کو سینچیں گے پھول کھلیں گے

شہیدوں کا لہو کب ضائع جاتا ہے
گرتا ہے جہاں گلشن کھل جاتا ہے
پتے پتے سے مہک آتی ہے ادھر
ہر پودا وہاں دیدا رو نظر آتا ہے
بوند بوند سے پیدا ہوتا ہے لالہ گل
مٹتا نہیں نشاں جو چھوڑ جاتا ہے
لوگ آتے ہیں یاد کرتے ہیں انہیں
ا ن کا نام یوں امر ہو جاتا ہے

مقتلplace of execution،ذرہparticle،ضیاءshinning lustrous
گلشنgarden،دیدا رو handsome,pretty ،لالہ گلtulip

तू इस क़दर ऊँचा न जा कि ख़ुदा हो जाए
गिरे धरती पर आ कर तो फ़ना हो जाए
तू इंसान है इंसान की हुदूद में रह
तेरा वजूद तेरी हस्ती ही न तबाह हो जाए

दुनिया बुरी नहीं न ही ये ज़िंदगी
यहीं आए यूसु राम नानक और नबी
क़ुदरत ने दी हम को ये ख़ूबसूरत हयात
इंसान ने मगर घोल दी इस में गंदगी

इस दुनिया में दुखी पशेमान लगते हैं लोग
बे-बस नज़र आते हैं जब मिलते हैं लोग
मैं तो अपना दुख सुनाना चाहता हूँ कहीं
मगर अपना ही दुख सुनाने लगते हैं लोग

फ़ना-Death, Destruction, Mortality.हुदूद-Limits, Boundaries, Confines. वजूद-Being, Existence. क़बा-Tunic Body.हस्ती-Being, Entity,Existence, Life.

यूसु-Jesus.नबी-Prophet.हयात-Life.

تو اس قدر اونچا نہ جا کہ خدا ہو جائے
گرے دھرتی پر آ کر تو فنا ہو جائے
تو انسان ہے انسان کی حدود میں رہ
تیرا وجود تیری ہستی ہی نہ تباہ ہو جائے

دنیا بری نہیں نہ ہی یہ زندگی
یہیں آئے یسوع رام نانک اور نبی
قدرت نے دی ہم کو یہ خوبصورت حیات
انسان نے مگر گھول دی اس میں گندگی

اس دنیا میں دکھی پشیمان لگتے ہیں لوگ
بے بس نظر آتے ہیں جب ملتے ہیں لوگ
میں تو اپنا دکھ سنانا چاہتا ہوں کہیں
مگر اپنا ہی دکھ سنانے لگتے ہیں لوگ

فنا death destruction mortality، حدود limits boundaries confines، وجود being existence، قبا tonic body، ہستی being entity existence life، یسوع jesus، نبی prophet، حیات life

यक नज़र से मार डालते हैं
जब आँख में आँख डालते हैं
मए-कदा छलकता है चश्म-ए-साक़ी में
ये निगाहों से शराब डालते हैं

मैं लोगों की भीड़ में अपना चेहरा ढूँड़ता हूँ
जहाँ ज़म-ज़म नज़र आए वो सेहरा ढूँड़ता हूँ
सच सुनने को कोई राज़ी न था शोर में
झूट सुन न पाए जो वो बहरा ढूनड़ता हूँ

तेरी दी हुई अज़िय्यतों की पीड़ से हम जी लेंगे
तुम अगर ज़हर भी पिलाओ गी तो हम पी लेंगे
इश्क़ जो भी करता है उसे दर्द तो है सहना पड़ता
हम भी ख़ामोश रहेंगे अपने लब सी लें गे

मए-कदा-Liquor shop, Pub.चश्म-Eye. साक़ी-One offering drink, Cup Bearer.

ज़म-ज़म-Sacred Well in Mecca.सेहरा-Desert.बहरा-Deaf, Hard of Hearing.

अज़िय्यत- Oppression.दर्द-Pain-लब-Lips.

یک نظر سے مار ڈالتے ہیں
جب آنکھ میں آنکھ ڈالتے ہیں
میکدہ چھلکتا ہے چشم ساقی میں
یہ نگاہوں سے شراب ڈالتے ہیں

میں لوگوں کی بھیڑ میں اپنا چہرہ ڈھونڈتا ہوں
جہاں زم زم نظر آئے وہ صحرا ڈھونڈتا ہوں
سچ سننے کو کوئی راضی نہ تھا شور میں
جھوٹ سن نہ پائے جو وہ بہرا ڈھونڈتا ہوں

تیری دی ہوئی اذیتوں کی پیڑ سے ہم جی لیں گے
تم اگر زہر بھی پلاؤ گی تو ہم پی لیں گے
عشق جو بھی کرتا ہے اسے درد تو ہے سہنا پڑتا
ہم بھی خاموش رہیں گے لب سی لیں گے

میکدہ liquor pub shop چشم eye، ساقی one offering drink cup bearer
زم زم sacred well in mecca، صحرا desert، بہرا deaf hard of hearing
اذیت، اذیتوں suffering, troubles, torments,oppressions، پیڑ pain، لب lips

कोई भी ख़ता अब ख़ता नहीं लगती
ख़ुदा सुनता नहीं कोई दुआ नहीं लगती
अब क्या चारा करूँ मैं इस का
दिल को कोई भी दवा नहीं लगती

वाइज़ उपर तो देख ज़रा रंग आसमान का
अब्र-ओ-बरसात में भी सोचता है अज़ान का
मए-ख़ाने में ही कर लें गे सजदा अदा
पीने को जी चाहता है आज दिल-ए-नादाँ का

साक़िया तू ने ये क्या कर दिया
शाम के वक़्त है पैमाना भर दिया
मस्जिद से आ रही है अज़ान की आवाज़
वाइज़ ने है मसला खड़ा कर दिया

ख़ता-Eror,Mistake,Fault, Failur. चारा-Cure,Remedy.

वाइज़-Religious, Preacher.अब्र-Cloud.अज़ान-Muslim Call to Prayers.

सजदा-Prostrate.

साक़ी-Wine, Cup Bearer, Steward.अज़ान-Muslim Call to Prayers.वाइज़-Religious, Preacher.मसला-Issue, Question.

کوئی بھی خطا اب خطا نہیں لگتی
خدا سنتا نہیں کوئی دعا نہیں لگتی
اب کیا چارہ کروں میں اس کا
دل کو کوئی بھی دوا نہیں لگتی

واعظ اوپر تو دیکھ ذرا رنگ آسمان کا
ابر و برسات میں بھی سوچتا ہے اذان کا
میخانے میں ہی کر لیں گے سجدہ ادا
پینے کو جی چاہتا ہے آج دل نادان کا

ساقیا تونے یہ کیا کردیا
شام کے وقت پیمانہ بھر دیا
مسجد سے آرہی ہے اذان کی آواز
واعظ نے ہے مسئلہ کھڑا کر دیا

خطاmistake fault failure,error ،چارہcure remedy

واعظ religious preacher،ابرcloud ،اذانprayer calls to muslim، سجدہprostrate

ساقی Wine cup bearer steward،اذانMuslim calls to prayer،واعظreligious preacher ،مسئلہissue question

Printed by Libri Plureos GmbH in Hamburg,
Germany